当代西方经济学经典译丛

组织的极限

The Limits of
Organization

[美] 肯尼斯·阿罗 / 著
陈小白 / 译

华夏出版社
HUAXIA PUBLISHING HOUSE

图书在版编目（CIP）数据

组织的极限 /（美）阿罗著；陈小白译. —北京：华夏出版社，2014.1
（当代西方经济学经典译丛）
书名原文：The limits of organization
ISBN 978-7-5080-7898-4

Ⅰ．①组… Ⅱ.①阿… ②陈… Ⅲ．①组织经济学－研究 Ⅳ．①C936

中国版本图书馆 CIP 数据核字(2013)第 277425 号

Kenneth J. Arrow: *The Limits of Organization*
Copyright © 1974 by the Fels Center of Government
Chinese language edition published by Huaxia Publishing House.

版权所有 翻印必究
北京市版权局著作权合同登记号：图字 01-2013-7028

组织的极限

作　　者	（美）肯尼斯·阿罗	
译　　者	陈小白	
策划编辑	陈小兰	
责任编辑	马　颖	
出版发行	华夏出版社	
经　　销	新华书店	
印　　刷	三河市李旗庄少明印装厂	
装　　订	三河市李旗庄少明印装厂	
版　　次	2014 年 1 月北京第 1 版　2014 年 1 月北京第 1 次印刷	
开　　本	670×970　1/16 开	
印　　张	8.5	
字　　数	62 千字	
定　　价	28.00 元	

华夏出版社　地址：北京市东直门外香河园北里 4 号　邮编：100028
　　　　　　网址：www.hxph.com.cn　电话：(010) 64663331（转）
若发现本版图书有印装质量问题，请与我社营销中心联系调换。

纪念我的父亲母亲

目录
content

致　谢………… 1

第一章　理性：个人与社会…………1
第二章　组织与信息…………29
第三章　组织的议程…………47
第四章　权力与责任…………71
附　录　肯尼斯·阿罗自传…………101

作者简历…………126

致　谢

本书是我在费尔斯1970~1971年的讲稿汇集而成的，在此，我要深深感谢费尔斯政府中心，特别是该中心的主任、我的朋友朱利叶斯·马戈利斯。他们不仅提供了这一机会，而且鼓励我采用了一种与我以前的常规大异其趣的思考和讲演风格。本书所表达的想法汲取了我们时代一些杰出思想家的思想。

第二、三两章采自一篇题为"组织的议程"的论文，论文是为哈佛大学技术与社会研究项目承办的一个课题而准备的。该课题是关于现代团体在一般的经济生活中，尤其是在革新中的角色。这篇论文后来以《团体经济：增长、竞争和革新力量》（R. 马里斯与A. 伍德罗合编，伦敦与贝辛斯托克的麦克米伦出版社1973年出版）一书第

2 组织的极限

七章的形式出现。我要感谢时任研究项目主任伊曼纽尔·G. 梅塞纳博士，以及该课题带头人罗宾·马里斯博士，他们激起了我的研究兴趣，并允许我使用相关的材料。

| 第一章 |

理性：个人与社会

第一章 理性：个人与社会

关于个人与其在社会背景下行为之间的关系中其错综复杂和自相矛盾的地方，犹太大圣"拉比"希列①说得非常精辟："如果我不是为自己，那我是为谁？如果我不是为他人，那我是谁？如果不是现在，那是什么时候？"这里，三个连续递进的句子，使我们抓住了一种我们每个人都能感觉得到的紧张关系的实质，这种紧张关系存在于个人自我实现的需要跟社会良知和行为的要求之间。在某些事情上表达其内在的价值，这对每一个个体都是必要的。

---

① "拉比"希列（约公元前70—约公元10），巴勒斯坦犹太人中著名的领袖，充满了谦卑和爱心。他在耶路撒冷建立了一个以其名字命名的学校。他将犹太人从摩西律法中归纳出的六百一十三条律令总结为六个主题，还订立了解释这些的七条规则。——译注（本书脚注均为译注，后面不再赘述）

4　组织的极限

但是，社会的要求和个人的需要——它们实际上仅能在那个社会之中所表达——要求他既为他自己也为其他人，其他人对他来说既是目的也是手段。有了这两个具有如此不同含义的问题，那么我们提出下面这第三个问题，就一点儿也不足为怪了：当有那么多不确定的变数要去应对时，我怎样才能表现得有急智和信心？

社会和个人之间的紧张是不可避免的。二者的要求既在个人的良知内，也在社会冲突的大舞台上彼此较着劲。若说任何大发宏论或写出鸿篇巨制的人都能够对这些相互较劲的要求提出一个最终的解决之道，那实属无稽之谈。在此，我只想坚持一点，那就是人们必须理解到，要有某种平衡目的和手段的意识，去在我们关于我们自己和我们社会角色的理解方面，扮演一个重要的角色。下面我将通过讲解，或更准确地说是用漫画手法勾勒出一些思想倾向，来加以阐述。我们有一种也许不那么新的倾向，可泛泛地称之为"新左派思想"；我们当中读过思想史的一些人以前听说过无政府工团主义吧。巴枯宁①和索雷尔②许多年前提到过相同的要点。但这是一种实际存在的思想倾向。现在有一种要求，针对的是可称之为纯粹的东西，即个人角色和社会角色之间的完全合一，这是一种在理想社会中以某种方式，使得一个人对自己的要求跟一个人对社会要求的反应不存在任何冲突的观念。的确，当然喽，如果回过头去看看索雷尔的作品，你会发现这一类型的种种学说被混同于那种认为这些也是神话的观念。这就提示我们，冲突的消弭要求对我们关注的领域施以某种限制。新右派，在其自由主义代表性的观点中，也以其自己的方式消除冲突。它力图不承认，或至少最小

---

① 米哈伊尔·亚历山大罗维奇·巴枯宁（1814—1876），无政府主义者。1849 年曾参加德意志革命，后被捕引渡回国。在被拘禁和流放西伯利亚期间背叛了革命事业。1864 年加入第一国际，但在 1872 年的国际海牙代表大会上，他指使其党羽搞分裂活动，被大会开除出第一国际。
② 乔治·尤金·索雷尔（1847—1922），法国哲学家，工团主义革命派理论家。其哲学结合了柏格森和尼采的思想，提出了神话和暴力在历史过程中创造性作用的独特理论。著有《有关暴力的思考》（1895）。

6 组织的极限

化国家的作用及集体行为和责任的作用，而将这些主张代之以其难解的道德和力量的结果，也就是对市场的崇拜。这些都是走极端。我们大部分人介于二者之间：我们既承认社会的要求，但有时候由于忙于我们日常的私人角色而长时间地忘了它们，有时候在某个场合会提起它们，有时候当我们在或许不完全适宜的情况下主张我们个人性的时候，我们悲催地达不到要求。

在这里，我想用一种，呃，我想说的是用一种理性的精神，不过还是让我更讲究些，用一种经济学家的精神，来谈谈社会和个人之间的关系。一名经过训练的经济学家，认为自己是对理性的护卫者、将理性归于他人的人、给社会开理性药方的人。这正是我将要扮演的角色。

那么，为什么需要集体行为？为什么需要组成社会，或至少使之扮演重要的经济角色呢？从经济学家的观点看，这是因为集体行为能够扩展个人理性的范围。集体行为是一种发挥力量的手段，一种使个人能够借以更充分实现其价值的手段。这一点乍听起来似乎显得陈腐，对经济学家而言不值得片刻之想，较之明白表述出来，它似乎更被认为是理所当然的。尽管如此,它对那些想从集体事业中寻求更深情感满足的人来说,却不一定是一种令人愉快的观点。很久以前,埃德蒙·伯克①就曾说过:"骑士时代一去不复返了,诡辩家、精于计算者和经济学家的时代继之而起,欧洲的荣光永远地熄灭了。"对得失的相当枯燥、晦涩的计算并不能带来极大的热情。它不能给种种难题提供魔法般的解决办法。泛泛地或在特定背景下对集体行为的理性讨论肯定是复杂的,而且更糟的是,它必定是不完全的、无解的。毕竟,理性是跟目的、手段及它们的关系有关的。理性并不能明确目的是什么,它只是努力让我们知道手段和目的之间是一致还是不一致。所以,最终来看,任何价值讨论都必然归于依据未被分析的假设。当我们参照被认为是更深入的价值判断,来设法证明某个价值判断是合理性的时候,就存在一种无限的回归。

现在,我想简略叙述一下不论是个人或是社会的选择

---

① 埃德蒙·伯克(1729—1797),爱尔兰政治家、作家、演说家、政治理论家和哲学家。曾在英国下议院担任了数年辉格党的议员。经常被视为英美保守主义的奠基者。

问题上，经济学家是如何看待的。基本上，我们看到的是以下两种力量之间的对立、紧张或平衡：价值和机会。一方面，个人具有若干组有意义的目标，包括各种类型或顺序，从物质消费目标到我们通常所认为的更高目标，尽管这些目标也许并不一定更重要。但实现大多数目标的可能性必然是有限的。存在着一组有限的机会，个人必须从中进行选择，不论是亲力而为，抑或通过某种集体来做。他必须节俭地使用其稀缺资源。他必须从所能得到的机会中选择一个最能实现其价值的机会。

在这方面，经济学家的角色有时候是令人不快的。托马斯·卡莱尔[①]称我们是"这门枯燥乏味的科学"（指经济学——译注）的实践者，这大概并不完全是偶然的，尽管有点不公平。我们经常不得不指出我们的机会是有限度的。我们不得不说："要么这个，要么那个，不能同时要二者。鱼和熊掌不可兼得。"更糟的是，我们不得不频繁地指出，经济系统就其性质而言就是复杂的。可能很容易

---

① 托马斯·卡莱尔（另有译为卡列利，1795—1881），苏格兰评论家、讽刺作家、历史学家。他的作品在维多利亚时代甚具影响力。

出现这样的情况：一个措施表面上看是一个实现某种预期价值的方法，但也许它实际上经常适得其反。我以许多主张大幅提高最低工资的提议为例。确实，我们都希望对收入再分配，使之流向低薪阶层。提高工资是最显而易见的做法。经济学家则认识到，事情并非这么简单，经济系统会对这一政策作出反应，而不是被动地接受之。最终的结果也许是失业人数的增加，这是一个比低工资更糟的结果。当然，经济学家指出各种局限，这并非是他唯一的角色。这是专家的一般职能，实际上存在着其他的领域，在这些领域中，显而易见的做法并不一定是有效的措施。例如，当涉及改进教育质量时，显而易见的做法，是简单地根据既有的格局向教育领域注入更多的资源，但近期的研究表明，这种方法预计将收效甚微。

这些有关价值和机会的问题，甚至出现在单个人的层面；就算那位与世隔绝的猎手或农夫，即我们课本上最受欢迎的鲁宾孙·克鲁索，也不得不面对这种选择问题。不过，在这里，我们感兴趣的是人际关系在社会组织中的角色。从经济学观点出发（虽然我认为这种情况更具一般性），很显然，为了我们共同的进步，种种人际关系作为我们集体性组织的一部分是必需的。它们之所以必需，这至少有两个原因，尽管还有更多的原因。一个原因仅仅在于社会的基本资源，即其自然资源、其人力资源、其技术资源，它们在供给上是有限的，其他价值的实现或找到其他活动来满足这些价值的尝试暗含着对这些稀缺资源的争夺。如果我们以一种方式做事，那就不能以另一种方式做，所以我们必须有一个协调这种竞争的系统，不论它是一个市场，还是指令性分配系统，比如军队中的或社会主义国家中的。不论哪种情况，我们都需要一个具有一定的复杂性和相当组织程度的社会系统，来协调对资源的竞争，把资源分配到各种不同的合理用途上。

此外，人际关系对于确保得到能从协作中获得的收益也是必需的。基本考虑有二：（一）个体是有差异的，尤其是人具有不同的天分；（二）个体在从事社会性工作方面，其效率通常会随着专业化的深化而提高。我们需要协作来实现职能的专业化。这涉及交易和专业分工的全部要素。原始村庄的铁匠预料是不会去吃马蹄铁的；他们专门制作马蹄铁，农夫通过交换向他们供应粮食，这样他们二者都能受益（这是关键点）。

那么，我们怎样评价不同的社会组织呢？有许多不同的满足社会需要的安排，它们满足许多不同的需要。不过，有一些是有益的，有一些看起来是失败的。此时此刻我不关心良好社会的实现，而只是关心对良好社会的界定。当我们说一个系统好于另一个系统，这是什么意思呢？再一次，出于经济思维的常用语，我们使用效率或者是与维尔弗雷多·帕累托[①]名字相联系的最优（即帕累托最优——译注）这一概念。关于更优或更有效率，不论我们有其他什么含义，我们肯定都表达了这样的意思：一种情况、一个系统或一种分配，如果每个个体依据他自己个人的价值观觉得它更优，那它就比另外的更优。

的确，这样一来，如果相比较之下存在一种更优的情况，我们可不想接受那种较差的情况。所以，当在这个有

[①] 维尔弗雷多·帕累托（1848—1923），意大利经济学家，社会学家，洛桑学派的主要代表之一。以其名字命名的帕累托最优是博弈论中的重要概念，并在经济学、工程学和社会科学中有着广泛的应用。

说服力的意义上,亦即在使每个人受益的意义上不存在任何其他更优的系统或分配时,我们就说某些分配或系统是有效率的。这样一来,这种界定对于剔除许多不想要的情况是非常有用的。它并没有唯一地界定出一种在效率一词的任何含义中最优的情况。如果在我们的社会中出现两种情形,其中一种会使某甲实际上变得非常富裕,使某乙变得十分贫穷;另一种情形则使他们刚好调了个个。那么根据我们的定义,这两种情形严格来说是半斤八两,没有好坏之分的;它们完全没有可比性。如此,就不得不引入其他的标准了——大致说来,就是那些我们将之与"分配性公正"用语相联系的标准。

现在,在这一背景下,根据某些非常具体的假设——出于篇幅原因,我觉得在此详细阐述这些假设是不明智的——表明,效率可以经由一个特定的社会系统,即价格系统来实现。我们让我们的物品通过买卖易手。个人通过一定的价格出卖他们的服务,包括他们的个人服务以及他们拥有的物品所提供的服务,来获得收入。他们再依据价格用他们得到的收入来购买物品(毫无疑问,他们购买的量不同于他们供应的量)。

如果在事实上,社会的需求和供给依照这个安排彼此相一致——也就是说,社会所生产的产出既不多于也不少于人们在这些价格下所需要的量——那么我们就得到一个事实或一个定理:若某些假定(此时此刻我先忽略它们)得到满足,最后的状态就是有效率的。

进一步地,该系统还会带来一些真正额外的好处。不仅它能够实现在刚才描述的意义上有效率的分配,而且它不要求经济体的参与者有多少市场知识。他们只需要知道他们自己的需要就行了。个人不必担心其行为的社会影响。按照这个系统,如果他做了某件影响其他某个人的事,他支付价格就行了。如果他取走其他某个人可能会使用的资源,他就通过他必须支付的价格让自己明了这一点,但他不必再去劳神考虑作为个体的其他人。他们通过他必须支付的价格而得到补偿。

此外,不仅我们不需要知道多少市场知识(一个人只需知道预期他能够最了解的那些东西就行了),而且,如果对这同一件事换一种也许稍微不同的说法,可以说该个

14　组织的极限

体有了一种自由感。他可以在这个系统内自由地行动；没有人直接下命令指示他去做什么。他有一份收入，他想怎么花就怎么花。不用说，从某种视角看，这种行动自由多少是虚幻的。如果他的收入非常微薄，这种自由实际上就可能非常之小。一个人收入的多少，在这里不是取决于公正，而是由一个复杂的其道德含义难以界定的互作用系统所决定的。通过市场来实现自由的合理化完全忽略了一个事实，那就是，这种自由对于许许多多的人来说，范围是非常有限的。

价格系统也可能由于它利用了被我们的道德体系所屡屡谴责的动机而受到攻击。它会造就自私的德行。一些非常信奉市场体系的经济学家，其实已经作了辩解，比如他们说，工商业企业如果努力从事社会性质的活动，它们就是不务正业；它们的目的，恰当地说应该是不仅要使它们的利润最大化，而且这其实是它们所能参与的、社会最期望他们去从事的活动。这个命题在价格理论中是有某种保证的，尽管它对要点做了相当程度的扩展。

我们总是被一个完全依靠各种自私动机的系统所打

扰。这些动机是自私的，这是对自私一词严格的字面意义而言的。它们只从属于个人；根据定义，他可以只顾自己而不计其余。我们的大多数道德教导无疑给人以相当的压力，以致我们甚至不想要我们的人际关系中这种疏远和匿名之感。尽管事情的确如此，但是另一方面，与其他大部分可以想象到的系统相比，我们不可忽略从价格系统中所能获得的巨大的效率收益。

尽管如此，价格系统有着严重的困难，甚至可以说，在其自己的逻辑里，这些困难强化了这样的观点，即虽然它在某些领域是有价值的，但不可使之成为社会生活完完全全的主宰者。有一个观点，实际上是一个难以驳倒的观点（这个观点我已经间接提到过），认为价格系统并没有以任何方式规定出一种对收入的公正分配。给定资源最初分配的方式，主要包括人力资源、能力、培训以及财产，价格系统通过某些非常精巧和间接的方式，规定了上述资源将会如何被估价。没有什么简单的论证，也没有多少经济学家，虽然或许有许多外行，能够替下述命题辩解：存在一个简单的论证，说最终的收入分配有任何一个特殊的

16　组织的极限

主张可被称作是公正的。那么，价格系统在其自身之内就提供不了正当合理的收入分配，而这是一个关键的缺陷。

还有其他的缺陷可以一种稍微客观些的方式加以讨论。事实上，在一种严格的技术和客观意义上，价格系统并非总是有效的。有些东西，你就是不能对它们定价。水或空气的污染，就是一个经典的例子，它经常在教科书上使用，是具有相当重要性的例子之一，现在已变得非常时髦。假设，为了说明纯价格系统是什么，某人就必须拥有空气，他们把空气租出去，也就是说，用空气来容纳我们的汽车所排放的各种有毒气体，而向排染者收取费用，并向那些遭受污染有害影响的人进行补偿。我认为有一点是清楚的，从技术上说我们是无法管住空气的边界的。在这种背景下，价格系统的实行简直太难以达成了。

（也许值得解释一下，为什么如果有可能，最好是对空气污染进行收费。通过这么做，就会产生一个强烈的激励使人们不去制造污染；而且，如果污染活动的价值足够大，以致污染活动无法阻止，那么至少，受害者将会得到补偿。）

在道路使用的场合，也可以发现一种类似于价格系统执行中的困难。其状况虽然不如空气污染那么极端，因为加收道路使用费是有可能的；但是总的来说，而且在城市道路的情况中最引人注目，我们都了解，单单是设法收取路费的成本，就会比效率收益大得多。

在此，我对这些具体的例子不是太感兴趣，就好像要表明诸如此类的东西会在更微妙的情况下发生。考虑一下被认为比污染或道路具有更高或更难以捉摸的价值的东西吧：人与人之间的信任。如今，信任具有非常重要的实用价值，哪怕没有别的好处。信任是一个社会系统重要的润滑剂。它是极有效力的；其他人的话如果有相当的可靠度，就可免去许多的麻烦。不幸的是，这个不是一种能够轻易买得到的商品。如果你必须购买它，说明你已经对自己买来的东西抱有某些怀疑。信任和类似的价值观念，比如忠诚或讲真话，是经济学家称之为"外部效应"的东西的实例。它们是物品，它们是商品；它们有真实的、实用的、经济的价值；它们提高了系统的效率，使你能够生产更多的产品或更多具有任何为你所高度珍视的价值的东西。但是，它们不是普通的商品，那种在公开市场上进行交易时具有技术可能性甚或有意义的商品。

由上述讨论可知，从效率的观点以及从分配公正的观点看，要求有市场以外的东西。控制资源分配的其他模式出现了。其中最显而易见的是各级政府。政府通过可在市场系统内部操作的手段，当然还有其他的手段来影响资源分配。政府购买商品和服务，这仍是通过价格系统发挥作用。政府课征税收，而税收不是价格。它们不是一种自愿的交易。政府当然还有其大量的法律和规章，这些强制的和当然是非市场的手段，来控制和指导经济以及事实上一般社会的运行。

因此，政府在使外部效应内在化方面的角色大体上是直接的，虽然这并不表示能在实践中轻易做到。政府可用于识别和衡量它可处理的那些外部效应的信号肯定是不完善的，因为这些恰恰是价格系统未能在其中有效运转的领域。在实现社会情感、信任和移情作用方面，政府的表现也许实际上比私人部门稍微强些，但强得有限：权力和金钱一样会使人腐败。

关于分配公正问题，任何的社会福利概念中都存在着众所周知的基本难题。一旦一种有效率的分配得到实现，我们就面临一种直接冲突的情况。完全可能会有人辩解说，通过一种行为或另一种行为（我们认为这里通常指的是征税和再分配），我们能够如我们所愿地改变收入分配，然后，经过再分配，我们能够让一个经过适当修正了的价格系统运转起来，从而保证获得有效率的结果。但是当然了，在这里，我们将收入从一个人那里拿走而给了另一个人。我们就面临一种直接冲突的情况，不是那种通过综合平衡，通过共同增进每个个体的福利而能解决的那种情况。

学者们，不论是经济学家还是伦理方面的作家，都在努力拿出某种客观的标准。但是我以为，这种研究，出于我认为诸般内在于该主题的逻辑原因，可以确凿地说将是徒劳无功的。这里的根本事实是，人的欲求和价值无法度量，不能完全地传达出来。萧伯纳[①]很久以前评论说：

[①] 萧伯纳（1856—1950），爱尔兰剧作家，1925 年"因其作品具有理想主义和人道主义"而获得诺贝尔文学奖。未受过正规学校教育的萧伯纳是世界上最有名气、收入最多、最为人喜爱的作家之一。

20　组织的极限

"不要以己心度他人之腹。不同的人可能有不同的口味。"社会福利，就像在对公平收入分配的决定中一样，也是对社会成员个人价值观念的某种抽象。但这种抽象只能基于人际间被观察到的行为，比如在市场购买或投票中，而不是基于一个个体全方位的情感。正如迄今为止众所周知的，试图通过把所表达的个人偏好聚合起来形成社会判断，总是有可能导致自相矛盾的情况。

因此，关于集体理性，不可能有一个完全不矛盾的含义。前面，我们得到了一个关于纯权力的关系，以及关于如何打算解决分配的问题，我们既无法给出毫不含糊的解答，也不能轻易说存在着客观上有效的伦理标准。诚然，一些冲突因同情这一基本的人类情感而得到缓和。在这里，我不是从其寻常的相当有损尊严及保护性的含义（即怜悯），而是从设身处地地感受这一更字面性的含义来使用同情一词的。施以这个动机是带有一定强度的，尽管无疑是不够的，而且它显然好于在一个被设计来给予某种空间，让利他主义兴趣得以表达的机构中这样做，比如政府。

当然，政府只是大量集体性机构中的一种。它有别于其他机构，这主要是其对统治权的垄断，尽管就连这种垄断也不是绝对的。一家企业，特别是大公司，提供了另外一种价格关系在其中会部分失效的主要领域。企业的内部组织也是层级的和官僚性的。价格毫无疑问会从外部施加强大的影响，而且，至少有许多企业，作出种种协同性的努力，来模拟一种假想性的完美市场的运作，它们或许甚至比现实中运转缓慢、信息不完全的市场做得更好。但是在一家企业的内部，尤其是在较低的层级，其雇员之间的关系是迥异于我们教科书上所讲的对等的商业谈判的。正如赫伯特·西蒙①观察到的，雇用合同在许多方面都不同于普通的商业合同；雇员是在出卖意愿来服从权力。权力概念对于我将在后面一章中所讲的内容具有核心的重要性。无疑，雇员总是可以自由地离开企业，但因为离职的成本总是存在且通常不是微不足道的，所以雇佣关系造就了一种对持续参与的预期。

---

① 赫伯特·西蒙（1916—2001），经济组织决策管理学派大师，1978年度的诺贝尔经济学奖获得者。

除政府和企业之外，还有许多其他的组织。但一切组织，不管是政党还是革命运动，大学还是教会，都有一个共同的特征，即它们都有集体行动的需要及通过非市场方式分配资源。

此外还有一套制度——如果用该词适当的话，我想提请大家注意并好好理解一下。它们是些无形的制度：伦理和道德准则。的确，一个看待伦理和道德的方式，即一个与这种理性分析的常识相容的方式是，这些规则是些有意识地或者在许多情况下无意识地提供相互利益的安排。正如我前面谈过的，使彼此信任的安排是无法买到的；甚至，通过一份署名合同，说我们将携手合作，也不一定能够轻易实现相互信任。

社会经过演变，形成了某些类型的为他人考虑的隐性安排，这些安排对于社会的存续是必不可少的，或者至少对社会运行的效率贡献极大。例如，有人观察到，许多经济发展落后的社会，其特性之一就是缺乏互信。任何类型的集体性事业，不只是政府性的事业，都变得困难重重，或干不下去，这不仅是因为甲可能背叛乙，而且因为即使甲想信任乙，他也知道乙未必信任他。很清楚，这种社会意识的缺乏事实上是一种在非常具体的意义上明显的经济损失，当然也是政治体制可能的良性运转方面的一个损失。我是从经济学家的角度研究这个的，所以我要谈谈价格系统的失效问题；我确信人们能够从其他的角度得出这相同的结果。但是从这个角度出发，那么下面这样一个事实，即我们无法通过价格即通过支付费用，来调节我们对他人的所有责任，使得在社会的运作中，我们所具有的可被称作"良心"的东西，具有根本的重要性了。所谓"良心"，就是一个人因其行为对他人会造成影响而产生的一种责任感。

不幸的是，这个论点不能推进得太远。我们不可能知道我们的行为对所有其他人的所有影响。当你认真对待所有这些对他人的责任时，你就被迫进入一种非常困难的境地：你选取的行动，其后果你无法真正知道，而你仍感觉对自己行为的后果负有责任。事情很清楚，要使我们的行动在根本上有效果，我们就必须把我们对他人的责任感限制到某种程度。我前面已经简略讲过，价格系统允许走一个极端。我们通过价格支付我们的债务，不论是字面意义的还是象征意义的。我们没必要进一步关心我们对他人的责任。鉴于价格并不完全起作用（当行驶在开放的公路上时，我们因可能危及他人生命而负有某种责任，这远谈不上我们也许不得不为之支付的任何价格），我们就必须考虑某种程度的社会责任，但是在这方面，是没有任何简单的、清晰标明的边界的。

从上面的论证可以得知，一个个体在任何时刻都必然会面对一种他的个人欲望与社会要求之间的冲突。因此我不同意那种认为可能有一种完全统一的情况，即在社会环境和个人背景之间感觉完全一致的观点。一个人的社会态度，比如一个人的政治态度，必然总是反映了一个人的个人观点一定程度的折中。你在任意一个时刻所见到的价值必然是折中的，因为其他人见到的是不同的价值，而且，如果社会没有某种程度的合作尤其是一致，那么任何社会行动都是根本不可能的。

社会要求听起来像是一个令人畏惧和难以承受的负担，但是，站在社会规则背后的，当然总是其他一个个的人，而我们所说的接受社会要求，就是这个意思，尽管其形式并不总是一目了然的。比如，尊重法律被看作是对一个人的自由度的限制，这似乎是不好的。但当人们回想起法律毕竟是对其他个体的自由度的保护，情况就变了。不过，这里涉及的其他人常常是抽象的人。他们不是你认识的人；他们不是具体的个人。尽管如此，对于站在一个抽象物背后的可能是一个个的人，这种意识肯定总是能够辨别得出的。

社会要求可能通过正式的规则和权力来表达，或者它们通过内在化了的良知要求得到表达。从集体的角度看，这些要求可能是些必要的折中以增加全体的效力。在任一时刻，这些要求很容易被个人感觉像是一套枷锁。不幸的是仍有深一层的问题。实际的情况可能是，社会契约最终所起的作用是阻碍所期望的价值，乃至被全体或许多人所期望的价值的实现。问题在于，社会契约通常比个人的决定更难以被改变。当你不仅使你自己而且还有其他许多人致力于一项事业时，改变的难度就会变得相当的大。如果是在意识的层面来做还好办些；我们拥有在劝说他人改变其想法方面所涉及的种种规章。也许最难以改变的,是无意识的契约,其真正目的不为我们的大脑所觉察的契约。有些承诺的目的,涉及大量的牺牲和非常非常深的介入。献身于战争或革命或宗教,就是典型的例子,它们是极难逆转的,就算条件已经从事情发生之时以来有了改变。即使经验已经表明某种参与有了情非所愿的预料之外的结果,过去也可能继续主宰着现在。在《伊利亚特》这部早期的著作中,阿伽门农提出了一个问题:希腊人是否不应该放弃对特洛伊的围攻。他们已经在那儿待了九年了;他们哪儿也去不了;许多勇敢的士兵牺牲了。也许问题隐含着战争是因一个不值得这一切的女人而起的。当然,阿伽门农之所以提出所有这些理由,不是因为他相信这些理由,而是因为他倾向于说服希腊人留下来。奥德修斯让希腊人认识到,这些都是完全不重要的,重要的是他们将会自食其言。因此他们必须留下来,继续战斗。①

我认为正是这种想法才引发了历史上的种种大悲剧。

---

① 两部长篇史诗《伊利亚特》和《奥德赛》统称为荷马史诗,相传是由古希腊盲诗人荷马创作的。

这种执着于过去某个目的的意识，恰恰在经验已经表明必须改弦易辙的时候，却强化了最初的约定。

我已经提出了许多观点，我认为自己已经对其中的大部分观点作了正反两方面的说明。而且，既然我能够在一个抽象的讨论中这样做，那么如果我讨论的是任何具体的社会问题，并解释问题的多面性，比如它对我们所看不见的其他人的结果，它对那些尚未出现的人的后果，那是我再情愿不过的了。"如果不是现在，那是何时？"我们在这一语境下怎样对行动加以探讨呢？

理性和远见的确能够使事情暂缓一下并受到质疑；能产生同样作用的还包括良知、尊重他人、模模糊糊地敬畏那些我们也许会担心的遥远和未预见的后果。法网终结者①在社会行动方面有效率得多，但其行动的方向是否正确，也许是另外一个问题了。"决心的鲜亮本色总是被思

---

① 法网终结者是同名电影里的主人翁，电影改编自霍勒斯·弗里兰·贾德森利用业余时间创作的第一本书《狂热分子》（*The True Believer*）。贾德森（1931—），乔治·华盛顿大学近期科学史研究中心创建人、前主任，1987年麦克阿瑟奖得主，著有里程碑式的著作《创世纪的第八天：20世纪分子生物学革命》等。

想蒙上一层灰色。"这里没有简单的答案,我也不打算给出任何答案。历史上有很多这样的时刻:我们就是必须采取行动,就算完全知道我们会忽视可能的后果,但要保持我们完全的理性,我们就必须在没有确定性的情况下肩负起行动的重担,而且我们必须虚怀若谷,敞开胸怀,勇于承认过去的错误并改弦易辙。

|第二章|

组织与信息

第二章 组织与信息

在上一章中,我提出了这样一个观点:组织是在价格系统失效的情况下,一种实现集体行动的利益的手段。

我并不打算试图给组织下一个正式的定义,那大概也是不可能的。倒不如说,这个概念实际上是一个在系统中所使用的原始术语,它的意义是通过假设及其结果来揭示的。正如上一篇讲稿提到的,"组织"一词应该作相当宽泛的解读。正式的组织,如企业、工会、大学或政府,并不是仅有的类型。道德准则和市场系统本身,也要解读为组织;其实,市场系统具有精巧复杂的方法用于交流和联合决策。正如这个例子清楚表明的,组织的参与者可能是组织也可能是个人。此外,重要的是要注意到,个人通常从属于多个组织。

组织的目的,就是要利用这样的事实:出于实效性的要求，许多的（几乎所有的）决定都要求许多个体的参与。特别是，正如前文所指出的，组织是在价格系统失效的情况下，一种实现集体行动的利益的手段。

价格系统有一种特殊的失效我想着重强调一下，这种失效对于组织的理解，具有绝对核心的作用。我指的是不确定性的存在。现在有一种纯理论的设计，用于使价格系统能够处理某些方面的不确定性。由于这个方法可能不为所有人所熟悉，这里不妨简略讲述一下。

不确定性意味着，我们对于这个我们十足相信是真实的世界，没有一个完整的描述。倒不如说，我们把世界看作是处于这种或那种状态。世界的每种状态都是一种描述，该描述对于所有相关目的都是完整的。我们的不确定性在于不知道哪种状态是真实的状态。不确定性也许是关于生产条件或品位或任何其他东西的，这任何其他东西，如果知道的话，会影响个人对交易的欲望。因此，最好不要签订买卖固定数量商品的合约，而应该是有条件合约，或曰含或有商品的合约，这种合约，用技术术语来说就是，每个单位的合约都是针对一个单位的某种商品，当某种情况发生时才交付。既然世界的这个状态完全指定了需求和供应的条件，那么就有可能规定，或有合约总是能够执行的，这是因为，我们需要去提议交付的量，与在合约是或有的状态下可得到的量刚好是一样多的。这些合约可附上价格，那么，就可以对不含有不确定性的标准竞争经济理论重作解读，以给出一个在不确定情况下的竞争均衡理论。普通意义上的商品被代之以或有商品。

  从这个描述可以看出，这个理论性的构想在现实世界中有某些类似的东西。保险单存在，不可避免的成本加成合约弊端也存在。重要得多的是，普通股股票市场被用作分散风险。但也很清楚，有条件合约所适用的意外情况的范围，要比理论上理想情况下可取的范围有限得多。比如，因不能对商业失败进行保险，承担合意的经济风险受到约束。在更细节的层面上，一家企业内部复杂的生产过程的协作，在某种程度上就是一个不确定性的问题，例如，生产过程中这个或那个部分的随机延迟。人们可以想象一个原则上用于企业内部协作的价格系统：一个部门向另一部门供应部件，其所售部件的价格会根据平均的延时而变化。

那个出售部件的部门就有明确的动机去减少延时。然而，仅当有了这一个防范各种可能导致延迟的意外事件的保险系统，那个购买部门的风险才能得到优化配置，否则，那个购买部门将不得不改变其操作的范围以使不确定性最小化，这种改变导致的结果是总产出减少。不难看出，这样一种价格和保险的组合要在实践中实施简直难如登天。

　　理论上可取的相机价格无法在现实中存在，这有不止一个原因。其中一个无疑纯粹是价格的复杂性所致。一张保险单必须指明数量巨大的意外情况，并且一般而言，对每种可能的情况有不同的支付条款。拟定这样的合约成本高昂，理解这样的合同同样如此。基于长期的经验，各地各级法院对于普通个人理解复杂合同的能力几乎没有显示出多少信心。对所谓免责条款的处理就是一个例证。例如，在船运货物时，运输公司经常在合同中加入一个关于对所运货物的丢失或损坏免于追责的条款。形式上，可以把这个简单地看作是确定风险承担的归属方。一旦确定这一点，一个完善的市场就能够允许风险的再转移，比如通过保险转移风险。但是一直以来，法院拒绝执行这类条款，并且不管发生什么，均裁决由运输公司承担责任。它们的观点是，指望由相对运输公司而言弱小的普通货主来评估争议中的风险，实在是太过分了。

关于价格系统在配置风险承担的局限性，另一个主要原因是难以对真正风险和不能优化进行区分，这个困难被研究保险业的学者称之为道德风险。例如，火灾的发生可能是外部环境和个人选择——比如粗心或极端情况下的纵火——综合造成的。于是，火灾保险单创设了一个鼓励个人改变其行为的激励，而不再是针对不可控事件的单纯保险。

罗伊·拉德纳[1]因观察到信息在可能达成或有合约方面的关键作用，而把这个问题置于更一般的视角之下。简短截说，我对纯粹的风险承担配置理论的勾勒，已经隐含地假定，所有的个体都知道在合约最终履行时，在保险偿付做出时，哪种自然状态占上风。更确切地说，只要他们拥有相同的信息就够了，不论是什么信息。但是在大多数

---

[1] 罗伊·拉德纳是一般均衡理论方面的一位顶尖学者，对博弈论理论以及实验方法做出过杰出的贡献。

情况下，情况并非如此。举例而言，考虑一下保险文献中被称为逆向选择的问题。比如在人寿保险中，被保险人可能比保险公司更了解自己的风险。一开始，保险公司可能会根据某种保险精算数据选择被保险人的保险费率。但是高风险群体将购买比平均保费更多的保险，而低风险群体则购买更少的保险。这样一来，以金额来衡量，保险公司的经历就不如保险精算数字那么令人愉快了。保险费率必须提高，但这势必驱使更多的低风险人群退保。显然，会产生这样一种情况，有很多人的风险没有足够覆盖，因为这些风险真正有多低并不为人所知。根本原因在于合同双方之间的信息不对等。

关于经济主体之间的信息不对等，另一个例证是医患关系。雇主和代理人关于世界的信息不同对于二者间的这种和那种关系具有本质的重要性。但这意味着，不可能真正存在任何为防范代理人不能妥善做自己这方的事而进行保险的合约。我在一个医疗经济学的研究中曾论证说，人们可能把职业道德看作是这样一种制度的例子，该制度在某种程度上填补了价格系统的相关失效所产生的缺口。

由此可见，经济代理人个体的信息结构强有力地制约着通过市场配置风险承担的可能性。关于这里的信息结构，我的意思不只是指存在于任何一个时刻的知识状态，而且是指获取未来相关信息的可能性。用通信术语表达，我们把后者称作信息渠道的拥有，把接收到的信息称作来自世界其他部分的信号。

因此，使用价格系统去配置不确定性即对风险进行保险的可能性，就受限于既有信息渠道的结构。换一种方式表达就是，非市场决策的价值，即建立一个其范围比作为一个整体的市场更有限的组织是否可取，就部分地取决于信息流网络的特征。但是，信息渠道的存在与否并不是从外部给经济系统规定的。渠道可被建立或抛弃，且渠道的能力和经由渠道传输的信号的类型受制于选择，一种建立在收益和成本的比较基础上的选择。因此，我转而去考察信息的特征，特别是关于信息渠道的收益和成本的某些一般性。在下一章，我将更明确地讨论作为信息处理器的组织。

假设每个经济主体个体从一开始就具有从自然和社会环境接收某些信号的能力。然而，这种能力不是无限的，这种信息处理能力的不足是理解个人行为和组织行为方面一个本质的特征。同样，从一开始，该个体对于他或任何他人现在或将来所可能接收的信号和接收不同信号的可能性的范围，都有一系列的预期。用技术术语来说，该个体从一开始就有一个在可能的信号空间上的先验概率分布。信号这一概念应做宽泛的解读，有些信号可能向该个体预示其决定的后果，有些信号可能在隐含的决定的基础不起作用的情况下被用作决策的基础。这样，一个信号就是任何一个能够改变该个体的概率分布的事件。用更技术性的语言来说，以一个人的观察为条件的信号的后验概率分布，一般而言，可能不同于信号的先验分布。这种概率的转变恰恰构成信号的获取的内容。

信息的这个定义是定性的，因此为了本书的需要它将保留下来。出现在信息理论中的量化定义，鉴于马夏克[1]

---

[1] 雅各布·马夏克（1898—1977），美国著名经济学家、信息经济学的开拓者，语言经济学最早就是由他于1965年提出的。费雪首次提出未来资产收益的不确定性可以用概率分布来描述，马夏克、希克斯等学者认为投资者的投资偏好可以看作是对投资于未来收益的概率分布矩的偏好，并可用均方差空间的无差异曲线来表示。

所指出的原因，其对经济分析大概只有限的价值。不同的信息位，从信息理论的角度看是平等的，但它们通常有大不相同的收益和成本。现在，设 A、B 是任意两个关于世界的陈述，其中，关于 A、B 的真或假，事先均是不知道的。那么，根据香农①的理论，表明 A 为真的信号与表明 B 为真的信号，其传递的信息量是一样的。但是，知道 A 是真是假，其价值也许要远大于知道 B 的真值的价值；或者情况也许是，用以弄清 A 的真值所需的资源，要比 B 多得多。不论哪种情况，信息理论关于两种可能信号的等价性，掩盖了它们绝大的经济差别。

最初向该个体开放的渠道，可能因新渠道的产生而增大，对新渠道的选择将由它们的收益和成本决定。一般而言，关于信息的益处，人们没有什么可以系统地讲述的。现在能够大胆提出的主要评论是这样一种人所熟知的观点：其回报将随信息的使用而递增。例如，根据人们所熟悉的原理，同样的技术信息内容可用于任何规模的生产，

---

① 克劳德·艾尔伍德·香农（1916—2001），美国数学家、信息论的创始人。香农提出了熵的概念，为信息论和数字通信奠定了基础。

因而有助于具有一定垄断权的生产性事业。

现在，我们回过头来，谈谈信息成本，也就是谈谈信息渠道的建立和操作所需的投入。首先也是最重要的一点，个体本身就是一个投入，实际上是对他的任何信息渠道的首要的投入，如果量化在这里是有什么意义的话。其次也是最后的一点，信息必须通过该个体的各感觉器官进入他的大脑。然而，不论是大脑还是感觉器官，其能力都是有限的。信息可以以文件的形式积累，但它只有能够被检索，对决策才是有用的。心理学文献有这方面的研究，其中许多是关于人类感官认知能力的限度的，有些是关于人类作为信息处理器的限度的。除了在较传统的生产活动之外，我不赞成在信息处理中使用固定的系数，用其他的因素特别是计算机来代替人脑是可能的。但是，个人那种获取和使用信息的有限能力，是信息处理中的一个固定因素，而且人们可以预期，会有一种随着其他信息资源的增加则导致回报递减的情况。组织理论学家长期以来就已认识到了这种局限，将它们归入了"控制范围"的标题之下。

信息成本的第二个关键特征是，它们部分地属于资本成本，更明确地说，它们典型地代表了一种不可逆的投资。我不是在着力强调通信、电话线一类东西的物理方面，尽管它们事实上在成本方面是不容忽视的，而且它们的确提供了一种具体的可被人理解的范例。倒不如说我考虑的是，为了能够区分不同的信号，需要在时间和努力方面作出足够的投入。学习一门外语就是我脑海里所闪现的显著例子之一。接收法语信号所需的能力就要求这种初始的投资。在为了接收信号而需要学习的规则[①]方面，实践中有许多其他的例子，任何一门科学的技术词汇表都是这方面的恰当例子。这里的问题是，其他人已经发现，使用大量可能的编码方法中的一个是经济的，而且对于任何一名个体来说，为获得这个方法而作出初始的投入都是必要的。

然而，甚至在规则不是被有意创造出来的时候，也需要尝试着加以理解。在任何领域，为了读懂大自然的信号，实证科学家都必须作出初步的观察（或者从他人那里

---

① Code 一词有很多含义，如法规，规则，代码，等等，本书的 code 一词将根据具体语境的不同而有不同的翻译。

学到这些观察结果,这些也涉及某种投入)。类似地,正如 E. H. 冈布里奇①所强调的,我们对于一门具体的艺术学派的理解,实际上是艺术家们自己的理解,有赖于对它的熟悉程度。因此,事情往往是一个循环:首先,艺术视角的革新产生并被扩散;其次,当它被人们更熟悉,类似信号之重复的价值随之下降了,人们对于新的信号,即新传统的各种偏差,理解能力提高了。

也许有人会试着以这种方式使信息的资本方面形式化。迄今未闻的信号就其本身而言是没用的,它改变不了任何概率分布。然而,一个能够由以确定新信号与旧信号之间关系的初步抽样实验,将适合去产生更进一步的有价值的新型信号。这种也许是替代性的实验(教育、科学文献)就是一种投资行为。

这类被固定在一个人大脑中的投资,肯定是不可逆的。当然,它可以传递给其他人,但仍为该个人所拥有,且无法被他让渡,尽管它像大多数不可逆的投资一样易于

---

① 冈布里奇(也译为贡布里奇),当代最有洞见的美术史家。

贬值。

在过去的20年里，陆续产生了某种关于不可逆投资的理论性文献。显而易见，当未来是对资本品的需求稳定增长的时候，不可逆性是无关紧要的；但当未来存在着波动，特别是随机波动的时候，不可逆性就变得重要了。这样一来，就其本身性质来看，一个信息渠道的价值是不确定的，于是我们遇到了一个与不确定条件下对存货的需求类似的经济问题。我们可以大胆作一些可能的概括。一个是，如果某信息的价值较为确定，则对信息的投资需求就要小些。第二个——我猜也是最重要的——是，随机的历史事件将在最终的均衡中扮演一个更重要的角色。一旦投资已经作出，且一个信息渠道已经获得，继续使用之就比投资于新的渠道更便宜，尤其是因为，我们前面提到过个人作为一种投入的稀缺性隐含了新渠道的使用将减少旧渠道的产出。因此，要在收集信息的方向上逆转一个初始的行动是困难的。就算两种可能的渠道之间预期的差值相对很小，就算随后的信息提示最初的选择是错误的，去逆转先前的决定也会得不偿失。

信息成本的第三个特征是，信息成本在不同的方向上绝不是一样的。一个人在任一给定的时刻都拥有各种能力，积累了各种信息。他也许会轻易发现，以各种与这些能力和信息相关联的方式打开某些信息渠道要比其他的渠道更便宜。因此，对迄今未知的领域进行探索的人将会发现，对于与他已探索过的领域相邻的领域进行探索较为容易。地理位置上的邻近只是一个特殊的例子。同样，对于与已经研究过的化合物类似的化合物进行化学分析也较容易。通过学习形成概念，在某些方向上会较为自然和便宜，而在其他方向上会遇到大得多的困难。一只在某个地方遭到电击的老鼠将形成概念，它会待在一定距离之外；遭到电击的效应越强，离开的距离就越远。

人以群分，物以类聚。人们也易于与其他使用共同的方法或拥有共同语言的个体进行交流，不论是字面意义还是隐喻意义上的。之前提到过的关于学习一种规则的资本积累，可能必须在渠道的两端着手。在通常的经济分析——它被称为核心理论——中，一个行业内的共谋协议是不稳定的，因为总是存在着其他的涉及某些生产商和某些消费者，从这些参与者的观点看更可取的分配性交易，但是，正如亚当·斯密曾经提出的，如果这同一个交易的成员发现易于彼此沟通，假定这是由于他们共同的经历，那么情况就很可能是，导致同一宗商品的生产者之间达成共谋协议的信息交换，就比用以达成一种阻碍性联盟所需的信息交换便宜得多。因此，共谋协议也许实际上是稳定的。（具有相似生活经历的个人之间较容易沟通，也许跟阶级利益和认同的概念有关系。）

除信息的收集外，沟通渠道的相对成本也许还受个人活动所影响。一个生产活动和某些种类的信息之间存在着某种互补性。一个人在从事某项任务的时候，也许会止不住地进行观察。这些观察就是些信号，在某些情况下会改变他关于这种生产活动的认识，这就是所谓的干中学。在其他情况下，它们可能会产生与看似风马牛不相及的其他决策领域有关的信息，这一现象被称作突发奇想、灵光闪现。比如，我们都熟悉发现了西北航道[①]的探险者的成

[①] 西北航道：以白令海峡为起点，向东沿美国阿拉斯加北部离岸海域，穿过加拿大北极群岛，直到戴维斯海峡。

就吧。

总结起来，在利用稀缺资源的一般意义上，信息成本：（一）对于个人而言是上升的，因为他本人就是一种稀缺性的投入；（二）涉及一个大的不可逆性资本成分；（三）在不同的方向上是不同的。

在下一章，我将特别讨论组织内部信息渠道的作用，用以对今天提出的各成本命题在这个背景下进行阐述和发挥，并以一般的方式对组织决策过程和结果的含义进行考察。

|第三章|

组织的议程

在经典的最大化理论中,有一点是隐含的,那就是,所有相关变量的值在所有的时刻都要在考虑之列。所有变量因而都是组织的议事日程,也就是说,它们的值必须经常加以选择。另外,商定一个潜在的决定变量,使之名副其实地得到确认,其难度要远大于为之选择一个值的困难,这在日常的观察以及在对组织的研究中,都是寻常的事情。被联邦政府视为适当议事日程的东西,像走马灯似地变化迅速;同样也不能坚持,新的议程就一定会对需求或供给的变化,即对世上新问题的出现,或能解决这些问题新技术的出现作出反应。失业保险早就有人想到过了,而且对它的需求也不只是在大萧条时出现;但它确实是突然从一个非议事项变成了一个议事项的。可以针对各种各样的组织引用类似的例子;企业所做的革新,在许多情况下只不过是先其他公司一步,把一个事项放到其议事日程上罢了。现在我们还能看到一些事项处在进入议事日程的过程中。在联邦政府的例子中,浮动汇率的可能性至少刚冒出了地平线。

不过,把一个事项提上议事日程显然是有真正的价值的。《1946年就业法案》归结起来不过是一句话,即充分就业至少提上了联邦的议事日程,而且很多人觉得这在实际上是一个徒有其表的胜利。但是,那些如此强烈地反对该法案的人并没有上当受骗;从长期看,这种认可是决定性的,尽管履行责任的过程确实慢如蜗牛。一旦一个事项进入了议事日程,只要这个是可能的,人们就很难不以一种稍微理性的方式对待之,而且几乎任何一种被考虑的解决方案也许都好于忽视之。在此我要赶紧补充一句,这种一般性并不排除有例外的情况,有些问题没有任何令人满意的解决方案,把这样的事项提上议事日程,可能会产生对某种解决方案的需求,而解决方案将势必会让人失望。因此,"善意忽视"的原则是有某种合理性的,但是在总体上,这种例外不太可能是真的。某个解决方案虽不令人满意，但它也许是必需的，以便引出所需的信息收集，去产生一个更好的解决方案，而忽视绝不是建设性的、生产性的。

我想在此就决定议事日程的因素大致提出一些想法。这个问题对于个体已经存在了，而且他会首先花一段时间专注于其上。但这将让人联想到，组织的本质和目的会对议事日程的决定，尤其是对于在引入新事项时的怠慢产生额外的暗示。

下面将要陈述的，严格地说，不是一个理论或模型，而是在形成这样一种模型时将要或应该给予考虑的种种事项。在形成将被陈述的概念时似乎不是太困难，虽然通过分析来处理它们从而产生有力的推论可能的确是非常难的。不过，在这一阶段，以一种更宽泛的方式提出这些问题，以避免完全集中于正在分析的问题上，这似乎更为合适。这是一个优化模型的观念，只不过是在一个富有意味的包含不确定性和信息渠道的框架之中，各种决定，不论是在哪里采用，都是所接收信息的一个函数。于是，当信息保持不变时，任何决定都不会作出，或用稍微准确些的方式说，作出了不去改变某些变量的值的隐含决定。反过来，信息的获得必须加以分析，因为它本身就是决定的结果。

当然，对于这个论点至为重要的是，信息是稀缺的和有成本的；可以假定任何免费的信息都可获得（原文如此——译注）。正如接下来将要论证的，不同类型的信息对于任一给定的个人和组织具有不同的成本这一事实，对组织的行为有许多的含义。

下面要讲述的主题是，与信息渠道及其使用相关的不确定性、不可分割性和资本强度，它们合起来暗示着：（一）一个组织的实际结构和行为可能极大地依赖随机的事件，换句话说依赖历史；（二）对效率的这种追求可能导致刚性，对进一步的变化不作反应。

决定不可避免的都是信息的一个函数。因此，如果已决定不去收集与某种类型的决定有关的任何信息，则这些决定就是非日程事项。

最后一句话通过"已决定"和"决定"等词的使用，凸显了区分两类决定的必要，即在某种具体意义上开展行动的决定，及收集信息的决定。这种区分在统计决定理论中是颇为人熟悉的；莱福和施莱弗在其规范著作①中把这两类决定分别称为"最终行动"和"实验"。一个样本性的例子出现在人们所熟知的验收取样中。例如，一个企业或政府正在购买大宗的某种货物。这些货物的质量可能每件都有所不同。当一批次的货物抵达时，一个典型的程序就是采集一个样本，检验其中的每一件，并基于样本的结果来决定接受或拒绝整个批次的货物。在这个意义上，取样和检验构成了一个实验，接受或拒绝的决定就是最终行动。如果说检验费用在根本上是相当大的，那么一般说来，对样本进行检验就要比对整批次的每件货物进行检验便宜得多。实验和最终行动都与资源的利用有关。实验有资源利用的含义，因为实验是有成本的；最终行动亦然，因为它是一个可能有益也可能无益的决定。实验不直接产生任何收益，但它通过提供更多的信息，有着帮助改善最终行动的价值。

---

① 霍华德·莱福、罗伯特·施莱弗，《应用统计决策论》（Applied statistical decision theory）一书的作者。

如果这两个步骤的资源效应是可以相加的，那么实验和最终行动就可以严格加以区分。即使这种相加性并不总是有效，它也是建设性的。

假设我们想象一下，对组织来说有许多不同的决定区域，在每个决定区域内，我们有一系列可能的实验和一系列可能的最终行动。进一步假设这些决定区域彼此之间是足够独立的，乃至在不同的区域里，最终行动的值多少是可以相加的。决定区域可分为三个类型：积极的、被监测的或消极的。所谓积极的区域，是指在其中做过了实验并从中接收到了信号，且最终行动被选作信号的函数。被监测的区域是指，一些实验正在进行中；因所收到的信号传递的信息太少，无法采取最终行动，但如果接收到了合适的信号，最好是做进一步的实验，从而产生出足够的信息使最终行动提上议事日程。最后，消极的区域是指没有进行过任何实验，因而实验和最终决定均不在议事日程上。

在这些类型中，对决定区域的划分当然取决于相关的收益和成本。关于预期收益，用一般的方式是没什么可说的，但上一章中关于信息成本的分类也许具有某种解释力。考虑一名选择了一个证券组合的个人投资者作为例子。这名投资者将对一组证券正主动予以投资,对于这组证券,他要么作了积极的投资,要么正密切地关注它们,心中正考虑着是否进行稳定投资。该投资者将一直观察市场价格,接收关于相关企业活动的报告,以及诸如此类的事情。还将有第二组证券,可以说他正在用眼角的余光观察着。他偶尔会查看一下价格,看一看相对粗略的相关信息。如果令人感兴趣的活动或其他信息出现了,他也许会增加监测的力度,并把这组证券移到那组活跃的证券中去。但是,对于除此之外的大量证券,不论它们发生什么事,他都是不会关注的。

对信息成本的分析表明了将证券分类为这一组或那一组的一些系统性理由。因过去的经验或现在工作的关系,对特定企业或行业的熟悉将意味着,获得关于某些证券的信息成本将低于其他证券的信息,投资者拥有一个使他能更好地理解所得信息的背景。信息具有较强的资本成分,这个事实意味着一旦一名投资者已经选择了一组精选的证券,他就会驻足于这组证券,因为获取关于这组证券的额外信息，要比获取关于其他证券的初步信息——它们是开始进行有意义的分析所必需的——来得便宜。

他有可能监测某些信息成本较小的证券，因为获取这些信息对于其他的活动是有补益的。因此，他可能会挑选出一些关于其他证券的信息，作为对他所主要感兴趣的证券进行分析的背景资料。从后一组证券的角度看，这个过程算得上是一个不怎么费钱的监测。专业信息服务机构、经纪人或其他类似的机构，可能会向他提供范围广泛的即使是有名无实的信息，同时他们也提供详细的信息。对于有关经商环境的一般新闻来源，由于其内在的重要性以及它们基本上不需要花什么成本，投资者可能会简单地阅读一下，但这些可能构成一定量的监测。最后，与商业关系的纯社会交往可能构成另一个信息来源，这是一种更有力的信息来源，因为大量的证据显示，个人的影响被认为是更可靠的，这意味着在一定的成本下，从主观上衡量，它们能传递更多的信息。

那么，我们预期个人的议程会怎样改变，也就是说，决定区域是怎样从一组变为另一组的呢？监测过程是对部

第三章　组织的议程

分该过程的内在的解释。有许多潜在的决定区域实际上只得到了很少的关注。工业中的质量控制过程就是一个关于监测的典型例证。产品质量是在采样的基础上进行检验的。只要结果令人满意,就什么都不用做,但如果出现了质量下降的情况,就会有一个对其原因全面深入的调查,进而可能的最终结果是,对机器进行修理或更换。但是,作为可预见的诸般可能性的结果,事情显然不只是改变议事日程那么简单。一种可能性是,·最终行动的报酬急剧改变。尤其是,机会收益变化,即因行动的改变而导致的收益变化,可能会由于被检查的当前行为的回报下降而上升。用大白话说就是我们遇到了一场"危机"。较之对于因改变而得到的潜在收益的任何推测,一个"强制性的事实"——威廉·詹姆斯①的术语——可能更有说服力。泰坦尼克号的沉没就导致了冰川巡逻队的成立。

---

① 威廉·詹姆斯（1842—1910），美国本土第一位哲学家和心理学家，也是教育学家，实用主义的倡导者，美国机能主义心理学派创始人之一，也是美国最早的实验心理学家之一。2006 年被美国的权威期刊《大西洋月刊》评为影响美国的 100 位人物之一（第 62 位）。

无疑，报酬的改变可能是感觉上而非实际上的改变。人们当前对生态问题的关注迅速升温，其速度要比实际问题本身快得多（这不是说实际问题不重要；它们的确很重要）。由于诸多原因中的一种，有时候所发生的，是信号成本下降。兴许只不过有一个门槛效应罢了。超出某一点，比如说污染或我们那组证券的收益不尽如人意，其影响会变得非常明显，结果是几乎不在观察和实验方面作任何投资。在某些情况下，也许是其他一些个人出于他们自身的原因，非常廉价地提供信息。这些人是形形色色的改革者和煽动者，毫无疑问，仅当价值结构和成本结构适宜的时候，他们的事业才会欣欣向荣，不过，火把虽然已经准备好，但还需要有人来点亮它。

改变议事日程的另一个原因是，尽管有了我们试探性地用过的模型，但是信息渠道之于上面所假设的对决定区域的划分，并不处于一种简单的关系。具有迥异的政策含义的信号，可能在起源上是紧密相关的，并通过相同的信息渠道被接收。或者也可能是，一项针对某个目的的实验，只需少许额外的成本，便能产生额外的与迥异的最终行动相关的信息。一个有趣的范例就是进行相机替换。当对一个复杂的机械装置比如导弹进行检查,以查出可能是某个部件出了故障的时候,进行检查或用其他部件更换就会便宜得多。

我们现在转向决定组织议程的因素。正如之前提及的,组织的职能角色就是利用联合行动胜人一筹的生产率。在对企业的内部经济进行讨论时,这一点就此处被称为最终行动的东西而言,当然是人所熟知的。但是,若就实验也就是说信息渠道而言,它也是同等有效,甚至是更有效的。

一个组织能够比任何一名个人获得更多的信息,因为组织可以让每个成员进行不同的实验。这样,就能克服对个人能力的限制。但一如既往地,这是要付出代价的。事实上,相关的考虑因素已经在关于U形成本曲线的一些积年讨论中举出来了。要想使信息对组织有任何用处,就必须对信息作调整。用更正式的说法,必须在组织内部建立沟通渠道。

好了,如果组织中任何一名成员收到的所有信息都传递给了所有其他的成员，甚或传递到了某个总部，那么在信息处理成本方面就不会获得任何好处了。实际上还会有所损失，因为企业内部有额外的信息渠道。在组织中，信息的经济性之所以发生，是因为在事实上，所收到的大量信息是不相关的。组织权限内的最终行动并不要求对世界诸状态的整个概率分布进行评估，而只是针对由其派生而来的某些边际分布进行评估。因此，总体而言，被组织中的一名成员所收到的信息，在不致损失用于对最终行动进行选择的价值的情况下，能够转换为小得多的信息量用于再传输。充分统计量理论就是一个关于这种减少信息而不致损失价值的例子。在这个例子中，其原因是，任何最终行动的价值，都只取决于那个标的分布的参数，而非在样本中被观察到的值。因此，它足以传递这样一个样本函数的值，该样本能够抽空其关于这些参数的信息。

正是信息在再传递中的这种减少能够解释组织对信息处理的效用。既然信息是有成本的，那么总体而言，进一步减少内部信息传递显然是再好不过的了。也就是说，为了节约内部沟通渠道，而在用于对最终行动进行选择的价值方面有所损失是值得的。对内部沟通结构的最优选择是一个异常棘手的问题。它构成了关于社会主义经济学的各种大论战的基础——虽然这一点并不总是那么一目了然，马夏克-拉德勒也在其团队协作理论中从某些方向对此进行了深入的探索。

既然总的来说最好是不传输所有的相关信息，一名成员个体将会积累许多的信息，这些信息是否值得传输在既有条件下是无法判断的。有可能是，在之后的某个时候，由于接收到其他某个与其互补的信号，结果这些信息看起来是有价值的。这些信息接下来是否得到利用，依赖许多的因素，比如，随时间推移信息传递的廉价性、借助于存储器或档案，以及其后的检索等。这就产生了这样一种可能性：组织中不同的成员拥有不同的尚未传递出去的经验，他们就会以不同的方式对新的信号进行解读。这对于外部环境已大大改变的组织中信息功效的减少，似乎有着有趣的含义。

由于可以对内部沟通渠道进行设计，其结构就能够从成本最小化的角度加以选择。特别是，可以通过对规则的适当选择来提高渠道的效能。规则一词既是从字面上也是从比喻意义上来使用的。它指的是所有已知的信息传递方式，不论是否已写入正式的规章制度。正如根据信息理论而众所周知的，最优的规则将依赖于可能信号的先验分布，也取决于对作了不同编码的信号进行传递的成本。

编码的角色有两个经济含义：（一）它减弱但并未消除成本随运作规模而增加的趋势；（二）它对组织产生了一个内在的不可逆的资本约束。关于第一点，我们已经看到，组织从扩大规模而获得的收益，是通过使其成员做不同的实验，即专业化而得到的。在上一章中，我们讨论了关于个体信息的经济学，正如我们在其中所见到的，这意味着各成员将积累不同类型的信息处理技能，在他们专门从事的领域中学习（获得资本），而不在其他领域中学习。结果，他们彼此间的沟通变得越发困难（就像学术专家们在学习的那样），且其相互沟通所使用的规则必然变得越发复杂。这样一来，虽然编码容许更大数量的个人信息来源被有用地聚集起来，然而随着运作规模的扩大，成本最终仍将不断增加。

关于第二点，我们已经讨论过，一名个人对规则的学习对他来说是一种不可逆的投资行为。因此，它对组织来说也是一种不可逆的资本积累。由此可知，组织一旦建立，它们就具有不同的特点，因为改变规则的成本就是那些未曾预料到的逐渐因过时而被淘汰的成本。

贝克尔[①]等人曾强调，人力资本积累的一个重要部分，就包括特定于一家企业的需要的训练、对员工的信息投入，这将增加该员工对本企业而非对其他企业的价值。

如果劳动的功能是在生产中与不同公司所广泛持有的资本品进行协作，那么看起来，几乎所有的训练都是通用的。但是，学习一家企业内的信息渠道，以及学习用以通过这些渠道来传递信息的规则，的确是只在企业内部才有

---

① 加里·贝克尔，美国著名的经济学家和社会学家，1992年度诺贝尔经济学奖得主，以研究微观经济理论著称。曾于1967年荣获美国经济学会颁发的克拉克奖，是国家教育科学院的奠基人，担任过1974年美国经济学会副会长。

价值的技能。

也许有人会问，正如人们在公司理论中经常问及的，为什么所有的公司没有相同的规则，那样的话，在该规则中的训练不就是可传递的吗？首先，在这个组合的情况下，可能很容易就会有许多最优的规则，它们彼此不分伯仲，但要在一家企业中有用，重要的是知道正确的规则。此处的这个情况，不啻为谢林①所大力强调的那种合作博弈的情况。如果有两个人，他们在旅行期间无法彼此通信，而会面对他们是有价值的，那就必须事先商定会面的地点。至于在哪个地方见面，可能就不那么重要了，但是，一个得知某个会面地点的人，对已经选择了另一个地点的组织而言，是没有很大用处的。

其次是历史问题。规则是按照企业创立时的最佳预期来确定的。既然规则是企业的或更一般地说是组织的资本

---

① 托马斯·谢林，2005年度诺贝尔经济学奖得主。哈佛大学肯尼迪政府学院的卢修斯·N. 李奈特政治经济学教授。1977年获弗兰克·E. 塞德曼政治经济学杰出贡献奖。其代表作有《冲突的战略》(1960) 和《微观动机与宏观行为》(1978)。与传统上大量运用数学的博弈论不同，其主要研究领域被称为"非数理博弈"。

的一部分,正如前面已经讨论过的,某个特定组织的规则只会随时间的推移而缓慢地改变。因此,在不同时期起步的组织,其规则一般而言是不同的,即使它们是相互竞争的企业。实际上,在同一时期创立公司的个人,也极可能有相当不同的先验分布,因此有不同的规则。

组织内部需要有共同可理解的规则,这就要求参与者的行为具有一致性。他们专注于能够被规则所传递的信息,因而在前述的一个过程中,他们在其活动的方向上学到了更多,而在获取和传递不易于纳入规则的信息方面变得不那么有效率。这样一来,组织自身起着塑造其成员行为的作用。

这个过程很可能对组织行为有着令人感兴趣的含义。组织的规则可能被假定为受到其主要职能最强有力的控制。但一个组织一般有很多对组织的主要职能实际上起辅助作用,但对组织的兴旺却很重要的职能。另一方面,给组织增加一些次要的职能又可能被认为是可取的,因为次要职能的实现看起来是对主要职能的补充。但如果适合于主要职能的规则却不适合于辅助的或次要的职能,组织运行起来就会很糟糕。伯顿·克莱因①在一篇未发表的手稿中提供了一个范例：军队的主要职能是根据事先拟定好的时间表，对大量的人员和物质进行协调。在当今时代，军用武器的研发是一个重要的辅助职能。但克莱因论证道，这种事情往往是由这样的人负责的，他们有军事思维定式，因而期望在未来各个可预计的时间点上完成相关事项的协作。当然喽，实际上，研究和开发是在具有相当大的不确定程度之下信息汇集方面的主要例子，其协作的达成肯定是无法预计的。结果，正如萨默斯②已经表明的，很多精确安排好的时间表引人注目地无法完成。如果最初就已经把不确定性考虑在内，最后的花费就要比应有的大得多。诚然，克莱因建议的解决办法是，把军事武器的研究和开发从军队控制下移走，而交由独立的民用机构去做。

---

① 伯顿·克莱因，美国著名经济学家，代表作有《动态经济学》。
② 劳伦斯·萨默斯，美国著名经济学家，哈佛大学经济学教授，前白宫国家经济委员会主席，世界银行首席经济师（1991—1993），美国第71任财政部部长，哈佛大学第27任校长（2001—2006），国家科学学院成员，美国计量经济学学会会员和美国艺术科学学会成员。

对既有的组织增加职能是有难度的。给会计和预算部门增加管理控制职能的趋势就提供了这方面的一个例子。由于科学决策的量化基础与经常账户重叠甚多,那么通过将这两种职能相结合来达到经济化,就颇有吸引力了。但是实际上,二者的目的大异其趣,因而规则,即看待世界的方式,也就不相同了。会计的目标一部分是防范不诚实行为的发生,因而他感兴趣于某些资料一定的精确度——这对于管理科学是不必要的,相反地,他对于其他的和较粗略类型的资料不感兴趣。预算控制还在许多方面不同于管理科学,而且,对于当前把管理控制加到前美国预算局的职能中去的做法,一些公共行政管理领域的学者进行了口诛笔伐。

由于这些沟通困难,不论是在公共部门,还是在私人部门,均出现了这样一种趋势,把不兼容的职能独立出来,并入新的组织中。斯蒂格勒[1]发人深思地指出了伴随

---

[1] 乔治·J. 斯蒂格勒,1982年诺贝尔经济学奖得主。是"第十四届获奖者""信息经济学"和"管制经济学"的创始人。1964年被选为美国经济协会主席。1975年被选为美国全国科学院成员。

大企业的成长,而出现的稳定的垂直分拆现象;市场力量使得辅助性服务走专业化之路变得有利可图。类似地,在联邦政府,富兰克林·罗斯福①看起来是第一位看出了需要把新的任务交由新的机构去办理的改革者,即使根据某种逻辑,它们属于某个现有部门的范畴。

现在,我们回过头谈谈本章最初的目的,即组织议程的决定。基本上,改变组织的议程,其可能的原因是和改变个人议程的可能原因一样的。

在某个监测区域可能接收到一个信号,在此基础上经过判断,认为使这个区域成为活跃区域是值得的,最终行动的报酬可能会改变,或可能被认为会突然改变。或者,一个最初用于某个目的的信息渠道出现了一个信号,信号暗示要在一个迄今为止的消极区域里采取行动。刚刚结束的对组织的讨论,已经指向了扩大特定于组织的成本因素,这些因素改变着组织借以改变其议程的基础。实际

---

① 富兰克林·罗斯福,美国31位、第32任总统,美国历史上唯一蝉联四届的总统。被学者评为美国最伟大的三位总统之一,同华盛顿和林肯齐名。

上，在许多方面，改变的成本对组织而言更大。更确切地说，组织拥有较大的能力去监测，但从一个消极的区域转变为一种监测的或积极的角色，它的能力就要逊色了。

组织方面有一个影响，它在个人方面是没有对应物的。一个组织一般是由不断变化的个人组成的。而任何一名个人，一般都可接触许多的沟通渠道，这个特定的组织只是其中之一。特别地，教育就是这样一个渠道。因此，组织是在从它可免费获取的相当可观的信息中获得好处。就算组织的规则可能使此类信息在内部传递成本不菲，但如果有足够的信息，组织的行为也将会改变。特别是，新的事项将提上组织的议事日程。如果我们把教育看作是新的信息的主要来源，那么新的信息就通过组织中最年轻的和新进来的成员引入组织。这样一来，我们就有可能通过代际变化来改变组织的议事日程。更一般地，在组织设计中，头等的要求是提高组织处理大量事项的能力。等到信息和信息处理成为个人资本的积累这个地步时，所需要的就是帕累托所称的"精英循环"，即决策者的吐故纳新、更新换代。用更通俗的说法，所需要的是"信息和决策规则的循环"。就长期而言,在一个窄小的可选项的框架内得到的短期效率乃至灵活性,与一个广大的潜在活动的范围相比,可能并不是那么重要。这些是在设计公共和私人组织时要考虑的一些因素,也是在执行社会任务时要在它们中间进行的选择。

| 第四章 |

权力与责任

1. 目标的冲突

权力分配的盛行是组织最普遍的特征之一。几乎很普遍地，在任意规模的组织中，决定都是由某些个人作出并由其他人执行的。权力能够有效行使的范围可能是有限的。在某一层次接受命令的人可能其自己的权力领域有限。但在这些限度中，命令的发出和接受，即让某人告诉另一人去做什么，这是使组织得以运转的机制的一个根本部分。

命令的发出和接受可被称为个人权力；还有另一种可被称为非人格性权力的分配模式，它是通过行为准则来操作的，这些行为准则规范了组织中的每个成员在各种可能的情况下要做什么。法律规章是非人格性权力方面的一个突出例子。因为个人权力不可能无处不在，所以，建立非人格性权力的规则就成为必要的了。但由于它既具有较大可预见性的优点，又伴随着较少灵活性的缺点，所以非人格性权力既可取代个人权力，也是对个人权力的补充。

在接下来的部分，我将主要介绍个人权力，但其中的许多见解，对于非人格性权力也是适用的。

权力的角色随组织而异。军队就是极端的例子，在军队里，权力是无处不在、无所不及和实实在在的。国家也例证了其之于公民的权力行为，特别是就警察和法律控制而言。在这方面，企业类似于国家，只是企业对于其雇员是一种更有限的权力控制。其实，正如赫伯特·西蒙强调的，雇用合同准确地说是雇员一方接受权力的契约。因而它不同于商品买卖合同；雇用合同买卖的不是一种明确的客观之物，而是一种人际关系。在该合同范围内，雇员和雇主之间的关系不再是一种市场关系，而是一种权力关系。当然，这种权力的范围通常被合同条款所限制，而且更根本的是，它受到雇员可以辞职的自由的制约。但这种自由的行使在正常情况下是有一定成本的，所以这种权力的范围并不是微不足道的。

在我们社会的大型组织中,权力可能是诸专职中最弱的。在这里,社会压力所施加的伦理准则和行为规范往往取代更外在形式的个人权力乃至非人格性权力。专业组织之于其成员,只有有限的和特殊的权力,而且须与国家合作才行,比如在取消律师资格时。不过,它们在控制准入方面,可能而且经常是确有帮助的。在已经发展到奇妙地集各种教育功能于一体的大专院校,权力虽受质疑,但其来有自,它们和专业社团在界定权力的内在角色方面,应该会遇到特别的困难,这一点或许并不出人意表。

当条件不变时,权力的角色,正如实际上任何其他持续的社会制度的角色那样,被认为是理所当然的和罕受质疑的。毫无疑问,对一切权力的接受在一定程度上,都是从至高无上的宗教信仰权转移而来的。马克·布洛赫①已经指明了中世纪君主制的这种神圣性质;而且诸如《塔木

---

① 马克·布洛赫(又译马克·布洛克,1886—1944),法国历史学家,年鉴学派创始人之一。1929 年创办《社会经济历史年鉴》杂志,标志着年鉴学派的形成。

德》和《薄伽梵歌》①这样形形色色的宗教源头，均在权力的角色上添加了宗教的约束力。在当今世界，世俗权力的衰落这样一种一些人为之扼腕叹息，而另一些人为之欢呼雀跃的发展趋势，其背后的原因，可能部分地在于宗教信仰的衰落，即马修·阿诺德②于一个世纪之前，在多佛的海滩上已有所察觉的"信仰的潮落"。但是，说宗教权力和世俗权力是同根同源、同气连枝和并行发展的，或许这样更好一些。天国的政府结构像镜子一样反映着世俗的政府机构，也支撑着世俗的政府结构。在犹太－基督宗教语言中上帝即国王；这个隐喻在民主的时代失去了某种

---

① 《塔木德》，犹太人继《旧约圣经》之后最重要的一部典籍，又称犹太智慧羊皮卷。全套20卷，内容庞杂，卷帙浩繁，头绪纷纭。与《圣经》、柏拉图的《理想国》、亚里士多德的《政治学》和伊斯兰的《可兰经》，并称为影响人类文明的巨著，是真正的传世经典。《薄伽梵歌》，并入摩诃婆罗多的印度教经文，古梵语史诗。哲学对话的形式写成，是克里希纳对阿周那王子在道德和神的存在本质方面的教导。

② 马修·阿诺德（1822—1888）：英国近代诗人、教育家，评论家。曾任牛津大学诗学教授（1857—1867）。主张诗要反映时代的要求，需有追求道德和智力"解放"的精神。其诗歌和评论对时弊很敏感，并能作出理性的评判。代表作有《评论一集》《评论二集》《文化与无政府主义》、诗歌《郡莱布和罗斯托》等。

力量。

在权力或至少是具体的权威者受到质疑的时代，人们有更多的倾向去拷问权力的根源和对权力的需要。密涅瓦（Minerva）①的猫头鹰不是在幽暗里而是在暴风雨中飞翔。于是就有人辩称，对于人类社会的正常运转，权力是必要的，最次也是有用的，因而霍布斯②的"每个人对抗所有人的战争"被搬了出来，作为在权力缺位的情况下一种可怕的结果。权力的行使者可能从神圣的个人原则转为非人格性的原则，比如在17和18世纪的英国人和美国人的革命中，或者从非人格性的原则转为具有超凡魅力的领导者，比如在20世纪的法西斯运动中。但不论在哪种情况下，对权力的需要被人领悟并被提到了社会意识的层面。

但是，恰恰在此类动荡的时期，明显有一种反方向的

---

① 密涅瓦，又译米涅耳瓦或弥涅尔瓦，古罗马神话中的智慧女神。传说是她把纺织、缝纫、制陶、园艺等技艺传给了人类，因此，她最受雅典人的尊敬。栖落在她身上的猫头鹰因此成了智慧的象征。
② 托马斯·霍布斯（1588—1679），英国政治家、哲学家。创立了机械唯物主义的完整体系，提出"自然状态"和国家起源说，认为国家是人们为了遵守"自然法"而订立契约所形成的，是一部人造的机器人。其代表作有《论政体》《利维坦》《论人》《论社会》。

趋势。对权力的挑战可能导致对权力重要性的重申，甚至于导致在一个极端，对其歇斯底里的拔高，而在唯信仰主义和无政府主义倾向的另一个极端，则是对其完全的否定和忽视。但是，一个适中的反应应该是，申明对责任的需要，即对这样一类系统的需要：权力在系统中履行其职能角色，但要以权力行使者的行为正确为条件。毕竟，权力会经常犯错误。可以清楚地看出，需要对权力进行检查，也就是对权力的行使进行核实，这显然已为人所认知了。的确，对当权者的怀疑已经深入英美等国传统的骨髓。过去数年已经见到了那些甚至比平时更大的不信任。实际上，已经演化出了某种对政治权力加以控制的方法，不论是个人权力还是非人格性权力：选举、普通投票、权力的分立（立法权对行政权，联邦权力对州和地方权力）、一定限度的司法控制——形式上通常是消极的而非积极的，当然还有那些公民不服从和暴力反抗等由来已久的方法。

尽管有了这些方法，对于政治权力表现责任的程度，仍存在着广泛的不满。政府被广泛地认为是非人格性的和遥不可及的，与普通个体离得太远。倘若民主的理想实现

第四章 权力与责任

了,则全体选民即是一种权力;但它很可能像任何其他权力一样,是不充分的和不负责任的。然而事实上,选举作为一种实现责任的方式,有其内在的缺陷。就其本质而言,选举无法在海量的具体事务中间进行区分,而是就某种平均标准来作决定。进一步地,选举过程就必然要加以简化,即使只是为了把普通投票者的信息成本控制在合理的范围内,从而,必须大幅削减可供选择的考虑事项的数量。1968年的总统选举就和美国所面临的广泛问题没什么关系,虽然1964年和1972年的选举毫无疑问提供了"一种选择而非一种反馈",人们仍几乎感觉不到,可供我们选择之物的全方位、多方面的复杂性已经超过被暗示到的。

然而,对权力施加责任,其中最强烈的要求,出现在非政府组织——教会、大学和企业中。人们对企业责任的态度的演变,令人感兴趣地综合了下述诸方面所发生的变化:描述性的分析、合乎规范的态度和基础制度结构本身。50年前,有一种观点已获广泛认可:企业对其股东的名义责任不过是美丽的肥皂泡泡。正当该观点变成主流正统的时候，其对于管理行为的种种推断事实上因并购出价的出现和大企业集团的发展而被证明是错误的，这两种现象例证了形式上的权力被价格系统的某种派生形式所替代。对股东的责任问题现在已让位于一种更激进的要求企业对其他成员（员工和顾客）承担责任。迄今已有很长一段时间，工会不得不在一定程度上，通过投诉委员会和工作条例改变企业内的权力结构。许多左派批评家，其中大部分跟劳工没什么直接联系，他们认为这个进程还远远不够，认为工作条件以及在工作活动中的权力关系的性质，它们本身就造成了对个人和社会的曲解。当前，甚至更多的注意力被放在了消费者控制、产品质量的内部责任及产品对其他人的影响上。

但是，所有这些对更多责任的要求都遭到了激烈的抵抗。手握权力的人士会对缩小他们行动自由的事进行抵抗，这或许才是基本的所在，但是反对这种改变的并非都是当权者。对于这种现状，许多被权力呼来喝去的人发出的声音最强烈。在大学的教职员工和天主教的教区居民中，侵蚀校长和教皇权威的行为遇到的抵抗很激烈，而得到的积极支持少得可怜。有一种普遍的看法是，权力是必要的。在知识分子界，以及在中美洲，人们把我们时代的种种麻烦，通常诊断为是由于权力的衰落，而使权力增加责任的措施，往往被认为会削减权力的作用。考虑以在大多数社区连续进行的不利于建立警察行为公众审查委员会的选举为例；费城在这方面是个例外，但是，一名前警察当事人结果被选举为市长，这件事表明了这类选举具有偏离常轨的特性。我们已经见到了负面的流行观点，尼克松总统①在针对审查和控制警察逮捕行为的司法裁决时已清晰地表达过了。

在本章的余下部分，我想进一步探讨给大型组织中的权力增加责任的可能性。看起来有5个主要问题：权力对组织的价值、认同权力的条件、责任的价值、履行责任的条件，以及鉴于这四个考虑因素，实现权责间合理折中的

---

① 理查德·米尔豪斯·尼克松（1913—1994），美国第37位总统。1972年2月访华，打开了中美两国关系的大门。1974年因水门事件被迫辞职。尼克松是登上《时代周刊》封面次数最多的人物（43次），1968年和1972年两度荣登"时代周刊年度风云人物"。

可能性。

2. 权力的价值

关于权力的价值，其论点既简单又熟悉。霍布斯就政府的具体例子，以经典却又极端的形式阐述过这些论点。在权力缺位时，会出现"每个人对抗所有人的战争"，结果，"人的生活是可怜的、卑贱的、残酷的和短暂的"。霍布斯论证中的真理内核，如果大大减少其戏剧性成分的话，可以更一般地适用于一切组织：权力是用以实现组织各成员的活动相互协调所必需的。

这种更学术化的和更完整的再陈述是有益的。那个推广了的霍布斯论点预设了两个元素：联合生产具有更高的生产率和复杂性，交换信息是有成本的。下面我进一步阐述为由四个要点组成的一个系列：

1）由于个体的活动相互作用，时而替代，时而补充，经常竞争有限的资源，对个体的活动进行选择时，联合决定优于分散的决定。

2）最优的联合决定取决于分散在社会中各个体

手上的信息。

3）由于信息的传递是有成本的，在使用资源，特别是个人时间的意义上，将所有的信息一次性地传递到中心位置，要比把每个信息分散地传递给每个人更便宜、更有效率。

4）出于同样的效率原因，由处于中央的个人或办公室作出集体决定并传递，可能要比把决策据以作出的所有信息进行再传输更为便宜。

这样一来，权力，即决策的集中化，就起到了使信息的传递和处理更经济化的作用。

关于权力的价值，纯之又纯的范例是军队，而且理所当然地，在许多方面军队实际上是后来发展为国家的初始组织。在信息广泛分散和要求决策速度的情况下，战术层面的权力控制对于成功是必不可少的。

对此，一个较寻常的例子是交通控制。在这里，权力控制的较高效率同样是清晰可见的。但里面引入了另一个因素。非人格性的控制装置，即交通信号和指示牌，要比个人权力更有效率，特别是在这样的世界里：行使交通自由裁决权的警察个体在类似用途方面有如此之高的价值。

可用以替代权力的另一极是合意（当然，我们正在讨论的背景是这样的：价格系统失效，或至少不满足诸般使其以理想状态运行的条件。我们可以把世上存在着的具有协调需要的组织，当作价格系统失效或至少没有效率的证据）。关于合意，我的理解是它是任何合理的和被接受了的综合个人利益的手段。众所周知，在无法达成全体一致的情况，任何形式的合意机制，比如多数规则，都存在着与之相联系的深层矛盾。不过，这些问题已在他处探讨过了。

那么，合意在什么情况下足以代替权力呢？只有当一个组织的所有成员拥有完全相同的利益和完全相同的信息，在这样的组织中，自发的合意才是有效率的；每个成员才能按照他的利益，正确地认知最佳的决定，而由于利益是共同的，他们全都会同意这个决定。在面对面的群体中，才有可能廉价地交换信息，从而足以实现信息的同一性，而且如果这个群体具有一个完全高于一切的共同珍视的目标，那么利益的同一才可能成为一个有效的假设。

当组织成员间的利益和信息均不相同时，达成合意的成本将上升，因而合意作为一种组织决策方式，其价值相对权力的价值将下降。由于篇幅有限，这里只作少许评论。信息对所有人而言相同而利益不同的情况，当然是社会冲突和通过讨价还价解决冲突的典型情况。尽管该领域有海量的文献，包括关于博弈论的丰富的理论发展，我们的理解仍然差强人意。有一点肯定是清楚的，那就是，讨价还价的过程本身就可能需要耗费巨大的成本，特别是当连续的出价和威胁不是发生在可以重订契约的游戏世界里，而是发生在战争期间经济崩溃和人类生命遭到野蛮毁灭的真实世界中的时候。

在合意的达成方面，潜在利益一致而信息不同的情况类似于利益不同的情况。在这种情况中也就恰与在利益不同的情况中一样，所表达出的社会行为偏好势必在个体中间是不同的。然而，这种情况又有所不同，这在于每个人都清楚其他人正努力以共同的利益开展行动，尽管依据的是不同的信息。如果可以无成本地交换信息，那么达成某种合意就没有任何问题。因此，在设计决策制度时，目标应该是能够尽最大可能地促进信息的流动。正如在前面各章所看到的，这涉及在尽可能多地保存信息的价值的同时减少信息的量。信息量减少到一定程度，从而伴随沟通渠道数量的减少时，我们又回到关于权力的优越效率上了。

3. 权力的实现

现在我们回到权力的概念上来。我们前面提出过权力的功能是什么，即，权力为组织实现什么价值。但是从经济理论的角度看，权力的价值并不能保证其存在的合理性和可行性。仅当存在着一种平稳运行的理想的价格系统时，说需要跟行为相匹配才是对的。但是我曾经论证过，组织确切地说是一种在价格系统失效时处理社会功能的手段。

通常认为，权力起源于对某些暴力手段的控制。在企业内部，权力可以使用的赏罚手段基本上是对雇用和解雇的运用。国家则使用刑法的制裁力。在某个分析层面，这是一个适宜的答案。这些奖惩手段的确起作用，权力所作的决定被人遵守，其部分原因在于如果不这样做的话可能会处以的惩罚。但我以为，这对于甚至直接层面的服从权力的解释实际上都不是充分的；而且更重要的是，这种解释还不够深入。下面我将依次阐述这些要点。

首先，奖惩的存在并不是服从权力的充分条件。显然，如果有足够多的人员不服从命令，命令就不可能执行。记住，我的假设是，组织是被充分隔离的，这使得员工的替换成本很高。企业完全无法承受把他们全都解雇的后果。这当然是罢工这一类社会革新的基础。类似的，如果得不到多数人的遵从，刑法也就不可能执行。禁酒令的失败就是一个著名的例子，这种失败在当前的毒品、赌博和卖淫等方面一再发生。在一些情况下，如同在色情业的情况中一样，当局承认除了用最糟糕的暴行行为之外无力应对；在另外一些情况下，当局在执行法令方面维持着一种成本高昂的努力，这导致了对非法活动非常规性的征税。

人们可以举出许许多多这样的例子，但观点是明确的。这不在于权力实际上通常无法被执行；而在于控制机制这种我们通常认为是行使权力的奖惩,不可能成为人们接受权力的唯一的抑或主要的基础。员工遵照指令做事以及公民遵守法律,其程度要比基于控制机制所能作出的解释大得多。

这个问题可以用稍微学术些的经济学术语来解释。组织拥有一个奖惩结构以便于权力发挥作用。这些结构是价格系统在组织内部的翻版。但我要提出的是,它们仅仅能够部分解释权力事实上被执行的程度。

实际上,如果事情不是这样,权力的执行就是不可行的了。毕竟,控制机制是有成本的。如果人们仅仅由于潜在的控制而服从权力,那么从所使用的资源来看,这种控制机制的成本就太高昂了,以至于抵消了权力的优势。

增加警力或类似奖惩机构的可能的政策,引发了对下述假设的第二个反对意见:权力最终依赖于奖惩。正如一位拉丁诗人提出的:"谁来'管理'管理者?"控制机制本身就是一种组织,是由人组成的。使用它们来执行权力,这本身就是权力的行使。甚至最绝对的独裁者也要求秘密警察听从命令去清除反对者,因为他无法亲自去做这种事。

最后，似乎在我看来，仅当权力为众望所归时，权力才是可行的。一个人所以服从权力，是因为他预期其他人也会服从权力。这一点显而易见，足以作为人们服从法律的一个动机，因为预计警察将强制实行法律，但从我之前的阐述来看，情况不只是如此。交通法规尤其是信号灯指示所以可能被人遵守，是因为拥有一套人人都遵从的系统显然是值得的。也就是说，权力的功能角色，即其使系统正常工作的价值，起到了确保人们服从的作用，尽管只是部分起作用。仅当事实上权力是可见的，且权力被认为能得到其他人的尊重，这种功能作用才是有影响力的。

因此，也许重要的是让权力变得可见，从而使权力可作一种协调信号之用。这或许就是为什么围绕着权力，总有一些外在的表征——前已提及的神圣的中世纪君主制特征：君主周围有一种法庭般的气氛，就像法官身披长长的法衣坐在高高的椅子上。正如李尔王借助疯狂所清楚地看到的，"当权者的狗人们也要服从"。

强调众望所归是权力的来源，这暗示了权力的脆弱性。其实，人们可以指出在下述情况下种种惊人的变化：一个建立良久的权力崩溃之后，人们很快便看出它不再有任何权威。不过，也存在着一种对抗性的力量。种种认为权力将得到服从的预期，不仅对于权力的维持有价值，而且还能减少那些权力服从者的不确定性。要求恢复权力或者建立新权力的压力其实是非常大的。

4. 责任的价值

在本节，我写的是让权力负有责任的功能性价值，即就实现组织目标而言的价值。除此之外还写了其他反对不负责任权力的论点，即对所涉人类个体的价值和发展的种种影响。从属于一个对其没有追索权的权威人士，会导致自尊的丧失和自主行为的退化；但正如阿克顿勋爵[①]那句著名的评语提醒我们的，不负责任的权力拥有者也要付出代价。因此，就算责任对于组织的功能有害，也会有一

[①] 阿克顿勋爵（1834—1902），英国剑桥大学历史系教授，历史学家，英国理论政治家。廉洁名言"权力导致腐败，绝对的权力导致绝对腐败"出自他的《自由与权力》一书。

个就个人的价值而言引入责任的问题。但在这里，依照本书总的宗旨，我将把自己的讨论局限于"就组织自身的目标而言的责任"的价值。

从功能角度看，不负责任权力的基本缺陷，是有可能犯下不必要的错误。当然，在一个不确定的世界里，错误的发生不可避免。当信息在组织的某个地方可以获得，但却不为权力当局所获得或使用的时候，错误就是不必要的。

发生这种错误的原因再简单不过了，那就是信息和当局决策能力的过载。在一个具有任意复杂度的组织中，一名个人或一小群人完全不可能明了这一切都是相关的。就算对信息的获取作了正式规定，就像在现代发达国家对统计服务机构的大量规定一样，任何一个由个人组成的小团体都不可能消化所需的数据。

以法律条文和行为规范的面目出现的非人格性权力，在洪水般信息的能力方面，一般而言可能比其他权力更逊一筹。非人格性的规则无法对大量各种各样可能的事件作出足够的反应。为了避免误解，请允许我先澄清一点，我不是在断言,虽然我有时候这样做,说正式的规则不可能把各种各样的情况都考虑到了。规则能够而且应该以一种有限制的形式,系统地表达为策略,策略一词是博弈论中的术语。规则应该具有这样的形式:"若事件X发生,做事情A,若事件Y发生,做事情B,以此类推。"因此,规则的形式体现了运用信息的可能性。但是有两个至关重要的限制,阻碍了其在规则形成时实现完全的灵活性:

1)就所做的努力特别是信息,即关于一系列可能的偶发事件及其影响的信息而言,制定规则以照顾到所有可能的偶发事件,这本身就是成本高昂的。

2)就本身性质而言,信息对于实施一个战略或者有条件规则是必要。这种信息的成本可能是非常昂贵的,特别是当该规则具有足够高的复杂度的时候。

由此可知,把自由裁量权转变为规则的想法,并非像人们有时候所宣称的那样是万灵药,尤其是在经济政策领域中。

因此,权力,不论是个人的还是非人格性的,均可能受到正当的批评,也就是说,组织中的其他人也可能有权接触至少某些事务的高级信息。克伦威尔①曾提醒苏格兰当局:"我以耶稣的慈悲恳求你们,想一想也许你们错了。"然而在他那方面来说,克伦威尔也并不太愿意承认那种别人也许知道得很多,从而足以纠正他的错误的可能性。

在信息过载的情况下,个人会按照其先入之见对信息进行过滤,这种趋势使得因信息过载而导致的效率损失扩大。较之克服认识上的不一致,人们更容易理解和接受跟以前的认识相合的信息。近期的政治史,特别是自珍珠港事件到越南战争之间的军事史,充斥着悲惨而又灾难性的事例。回到一个更早的时期,当泰坦尼克号开始通过广播求救时,附近一艘船只的船长却断定求救消息是一个失误或恶作剧,因为有一个信息被众所周知,泰坦尼克号是不

---

① 奥利弗·克伦威尔(1599—1658),英国资产阶级革命家、政治家、军事家、宗教领袖。在17世纪英国资产阶级革命中,是资产阶级 - 新贵族集团的代表人物、独立派的首领。在1642—1648年两次内战中战胜王党的军队,并于1645年6月取得了对王党的决定性胜利。1649年,处死国王查理一世,宣布成立共和国。1653年建立军事独裁统治,自任"摄政王"。

会沉没的。在另一决策领域,一位杰出的心理学家朋友告诉我,有关心灵感应的证据要比针对广为心理学家所接受的许多命题的证据更有力,然而,该学科没有一位有头有脸的人认真对待此事(他也没有)。这些例子并不反常;当信息量超过所能处理的有限能力时,对信息进行筛选,使得只有那些具有高优先概率的信息才会被接收,这就是一个合理的反应。

因此,在有一种纠正机制潜在地运行的背景下,权力才有可能是错的。

我前面强调了信息过载因素,认为使权力负有责任对一个组织来说是有价值的。还有另一个更具争议的观点殊途同归:跟一个不负责任的绝对权威人物打交道,那种感觉也许就绝对有损于下属绩效的发挥。这个主张得到了20世纪30年代埃尔顿·梅奥[①]及其同事的极大支持,引发了所谓的人际关系运动,而今天它不过是陈词滥调的东西罢

---

① 乔治·埃尔顿·梅奥(1880—1949),原籍澳大利亚的美国管理学家,早期的行为科学——人际关系学说——的创始人,美国艺术与科学院院士。

了。但是，一部与梅奥的工作同期的作品，即埃里克·弗洛姆①的《逃避自由》，却强调了人的内心对权力的渴望。我不想详细讨论这类大问题，无论如何，实证性证据均表明，工人士气和其绩效之间几乎没有什么关系。

5. 责任的履行

使权力履行其责任不仅是可能的，而且事实上难以想象存在着这样一个组织，该组织欠缺某种责任的元素。至少长期而言如此。首先，每一个真实的组织，其范围都是有限的。因此，正如赫希曼②强调过的，退出一个组织始终是可能的，虽然这无论如何要付出相当的代价。最后，可以通过成员的退出导致所在组织消失，使一个权力人士

---

① 埃里克·弗洛姆（1900—1980），德国精神病学家，新精神分析学代表之一，人本主义心理学的先驱。其心理学思想综合了弗洛伊德的论精神分析理论和马克思的人本主义观点，形成了他的社会文化人性观。《逃避自由》（1941）是其代表作之一。
② 阿尔伯特·赫希曼，1915年出生于德国的犹太思想家，美国著名的发展经济学家，当代伟大的知识分子之一。其名著《退出、呼声与忠诚：对企业、组织和国家衰退的反应》出版于1970年。

承担起责任来。如果组织的顾客被视为属于组织的成员，那么，关于把竞争作为权力调节器的古典经济学观点，就可被视为一种特殊的退出形式。

除了这种激烈的退出制裁外，大多数组织都有种种办法（就算它们没有正式确立下来），来对权力的范围设定某些限制。不服从命令，不论是有组织的还是无组织的，通常会对权力设定限制；而且，与许多其他的制裁一样，对此类不服从行为的担心将导致责任的内在化。

此外，甚至在缺乏合法手段的情况下，也可能或者完全可以罢免那些行使权力的个人。革命就是一种自古以来就有的可能做法，而且温和形式的革命能够在广泛的不同的组织中发生。

但是，退出和罢免对于增加信息向组织决策的流动而言，都算不上是特别令人满意的机制。退出和革命的事实无疑是一种信息，表明有什么事情不对头，虽然可能完全不清楚究竟是什么；罢免则意味着由拥有不同信息资源的新权力取代旧权力。但是关于新信息所呈现的方式，并不存在什么系统性的最优解。

其实，大多数现代组织已毫无保留地认识到需要对责任作系统性的规定，而且人们已经将其具体化为实现它的制度手段。无须劳神费力地一一列举，我们只列出若干责任机制：

1）对更高一级在任权力的责任，比如，部门经理对公司总裁的责任。当然，这个类型的手段充其量是把问题挪了个地方。

2）对临时权力的责任。比如，一家公司的总裁对董事会和股东的责任，一位民选官员对选民的责任。这种责任是针对另一个权力的责任，但是唯有通过对权力的选择才能行使其权力。这里引入了超过主要权力可获得的更多信息，只不过是以一种周期性的方式来做。

3）对一个只在某个有限领域里有效的特定权力的责任。主要的例子是司法权。行政和立法在某些指定的方面，比如对它们决策范围的限制，或它们的程序的合规性，对司法负责，但不在其他方面承担责任，比如原则上不对它们决定的内容负责。

4) 对非权威性团体的责任，比如调查委员会、巡视官员。最后这个例子中的责任，就该权力可获得的信息，以及就接收该非权威性机构所提供的进一步信息而言，只是证明决定是合理的一种责任。

6. 关于权力和责任之间权衡的思考

在调和责任与权力之价值的制度设计方面，有很多事情要做，这里只能作出一些初步的评论。为了满足它的功能，责任就必须有能力纠正错误，却又应该不至于破坏权力的真正价值。显然，一个足够严格和连续的责任机构，很可能等同于对权力的否定。如果甲的每一个决定都要由乙来审查，那么这一切事实上不过是实际权力由甲转移到乙手上，因而对原有的问题并没有任何的解决。

为了保持权力的价值，看起来责任必须是间歇式的。这种间歇式的可能是周期性的，它可以采取所谓的"例外管理"的形式，在例外管理中，仅当绩效足够逊于预期，才需要对权力及其决定进行审查，或者也可以采取对各决定或阶段的一个随机抽样进行审查和深入研究的形式。无疑，针对不同的目的，所有这些形式都是必需的。为了使之有效，所有这些形式都需要在信息系统方面，比如，在证明决定是否合理以及在详细说明它们实际上预计要实现什么目的方面，作出补充性的改变。

我特别想要敦促人们去进行包含有审查小组的实验，针对各项错误的特定投诉可交由审查小组去处理。开通投诉机制提供了一个从权力之外的信息来源获取信息的重要手段。我认为，可以安排这样一个审查程序，使得重要的资源仅用在重要的问题上。审查小组的主要职能是信息的产生以及信息向组织相关部门的传播。在这里，传播必须是"有效的传播"，必须有某种手段，来确保审查程序所提供的信息能够得到权力机构的有效使用而没有被忽视。除了把权力的某种要素给予审查小组，我看不出有任何其他办法能够保证效率。

一个类似这样的问题在哈佛大学的大学治理背景下出现过。鉴于大学出现的一些骚乱，哈佛大学理事会达成了一致意见：有必要更严格地界定专门针对教职员和学生的行为规则。但出现了一个针锋相对的要求：对于大学行政部门的行为也应该有类似的要求。教职员委员会起草了一套决议，其中宣布了一个行政方面的义务，即要对投诉作出响应，要认真考虑所提出的在决策和程序方面作出改变的各种要求。提议设立一个调查委员会，用以接受投诉并行使一些相当模糊的投诉审查权。大学拒绝了这个提议，其理由不堪一击：这将有碍于行政人员行使他们的权力。

显然，人们在要求权力负有责任方面没有达成一致，在责任的范围和责任履行机制方面肯定也是如此。但是，不加思索地接受建立在仿效宗教和国王制度之上的权力的时代，我相信已经一去不返了。当前，公民不服从行为越来越广泛地为人所接受，这表明，像大多数人身上所反映出的那种随大流行为也减弱了。不论如何，对于其成员各司其职、各有专长的组织来说，比如企业或大学，多数规则并不是一定之规。权力对于组织目标的成功实现无疑是一种必需，但是，权力要么是针对某种形式的按章程计划好的审查和曝光，要么是面对不定时的和起起伏伏的违抗潮，不得不负起的责任。

| 附 录 |

肯尼斯·阿罗自传

剖析自己并不是件令人舒坦的事。一方面要全力表现自己最好的一面,一方面又担心名不副实,这两者之间的分寸实在不易拿捏。在此,我愿意矢志追随福尔摩斯这位卓越的真相追求者的训示,这也许是他唯一一次表现得过度谦虚时所说的话:"我亲爱的华生,我绝对不能同意将所谓的谦虚与其他的美德并列。服膺逻辑思维的人,对所有的事都应该实事求是,贬抑自己与自我夸大,同样都背离了真理。"

回忆的盲点

我们在回顾时,并不能宣称对自己的一生无所不知。不论是个人生活还是知识积累,我都不敢说自己完全了解曾经影响过我的所有力量。事实上,在接下来的演讲中,各位就可以发现，我目前仍然无法重建自己的思想与兴趣在发展过程中的若干。当重新阅读以前所写的学术论文时，我偶尔会察觉到自己的记忆多少有一些错误。其实，参与这一系列演讲的主讲者，都被要求担任他们自己的历史学者或传记作家，然而，就像所有的历史学者或是传记作家一样，他们偶尔也会犯错。如果这些回忆能够和文献记录相互印证，它们就应该值得信赖。否则，如果只是主讲者个人单独记得或听到的事，只能被视为是不尽完美的可信的证据。

我一直对经济思想史有浓厚的兴趣，过去几年也一直在教授这门课程。我经常面对的一个问题是，在新观念的发展中，不同因素的相对重要性究竟如何。举例来说，有些人可能会认为，经济学家的个人成长历史与阶级背景是重要的因素。然而，实际的状况并非如此。以19世纪伟大的经济学家来说，大卫·李嘉图是相当成功的生意人，或许说他是一位高明的股票投机客更为恰当；约翰·穆勒从小就被严父培养为知识分子。尽管两人的出身背景截然不同，但他们的经济理论非常近似。毋庸讳言，教育在知识的积累过程中具有举足轻重的地位,而且影响程度愈来愈深远。因为今天的经济学和其他的自然科学与社会科学一样,早已成为一门专业的学问。再者,个人的才智与兴趣,也可能影响经济学的专攻方向以及使用的研究方法。但是,似乎没有证据显示出,经济学家的人格特质会在他所引介的新观念中扮演决定性的角色。

因此,接下来,我只对个人的出生背景做简要的介绍。我父母双方的家庭皆是外国移民,1900年左右来到美国,并在纽约安定下来。父亲来自贫穷的家庭,母亲的家庭则是勤奋而业绩平平的商人。他们两人都非常聪明,我母亲高中毕业,我父亲大专毕业。父亲年轻的时候,经营事业可谓一帆风顺,因此,我10岁之前生活非常舒适,而更重要的是,家里有许多好书。后来,经济大萧条使家父的事业一败涂地,大概有10年的光景,我们家可以说是一贫如洗。

我在年幼的时候就被认为是天资优异。我几乎无书不读,并且渴望将自己的理解加以系统化。举一个例子,在我的想法里,历史并不仅仅是一些日期与一些生动的故事，我将它视为一个序列，从一个事件不断产生下一个事件。这种秩序感在我高中与大学的阶段逐渐成形，导致我对数学与数理逻辑产生浓厚兴趣。

由统计学入手

整体来说，我在小学及中学表现优秀。到了大学，由于家境贫寒，我仅能选择纽约的城市学院（City College）就读。该校自1847年以来，就受纽约市政府补助而不收学杂费。迫于经济因素而不得不来此就读的优秀学生，可以说比比皆是，因此，学生的平均素质相当高。在师资方面，一般来说都能胜任其职，有些更是相当杰出。老师们均以育英才作为职责，我从中获益颇多。因为担心失业，我选修了一些较实用的课程，例如高中教学、保险精算以及统计学等作为辅修的学科，毕竟我感兴趣的数学与逻辑等较抽象的科目对就业的帮助不太大。没有料到，选修统计学却对我个人经济学的发展产生了决定性的影响。

通过文献附注中提及的资料来源，我对快速发展中的数理统计学有了更多的了解。数理统计学为统计实务奠定了理论基础，也为其带来了全面的改变。1940年我大学毕业后，无法在高中谋得教职，于是决定进入研究所攻读统计。当时统计学还未成为独立的科系，教授数理统计课程的地方也是凤毛麟角。我进入哥伦比亚大学，受业于统计学大师霍特林（Harold Hotelling）。霍特林的正式职位隶属于经济系，他在经济理论上也写过相当有分量的报告。我在跟他学习数理统计时，了解自己已经找到了专长所在。

当时，霍特林乃至整个经济系都曾给我有力的精神支持，然而，除了霍特林以外，并没有人对经济理论投入多大的关注，这一点倒是令人惊讶。当时，经济系把重点放在实证面与制度面的分析上，而系里的支持就表现在最具体也最必要的方式上——提供高额的奖学金。在这种背景下，我学习经济理论的方法也和学习其他知识一样，是通过阅读来掌握的。就我个人的状况，我相信自修远比上课听讲更有效。在经济学领域使用数学作为工具虽然说由来已久，但当时仍只局限于少数的一批人。通过精挑细选的阅读，我能选择自己的老师，而且还的确选得很好呢！

虽然我成绩优秀，但自感原创力不足。我这样的想法是在选择博士论文题目的时候产生的。一篇博士论文受到认可，有种种可能的情况，不过当时我在意的，是既想符合老师的期望，同时又能为自己做件不平凡的事。然而，这种责任感不但没有带来激励作用，反而产生了破坏性的效果。此外，4年的服役经验虽然有趣，但延长了我实现个人抱负的时间。我放弃了一系列中途告吹的研究构想，看来全都是浪费时间而一无所获，但最后终于累积成社会选择理论（theory of social choice），这也是我第一项重要的成就。

开创社会选择理论

接下来，我要将这项贡献的源起做比较明确的交代，因为在这个过程中，可以清楚地呈现一般性的经济思想是如何与我个人的专长产生互动的。社会选择和后面将提到的我的其他研究领域有一项显著的不同之处，它可以说是全新的课题，先前几乎没有人分析过。其他领域已经有很多的讨论，我的角色只是引进新的分析方法或提供新的观点，但在社会选择理论方面，几乎所有的问题都是由我提出的，而我也做了部分解答。

比较先进的经济理论学者都主张，各种架构中的经济行为都在有限的选择方案中从本质上作出理性的抉择。例如，在厂商方面，除了在固定的产出水平下就各种不同的生产方式作出选择，也要在不同的生产水平间作出选择。认为选择行为是理性的经济学者，诸如霍特霖、希克斯以及萨缪尔森等都认为，对各种不同的选择方案，选择者可以排列先后顺序。在一组可供选择的可能方案中，不论是技术上可行的各种生产方式，或是在预算限制下可以购买的商品组合，进行选择的人都会从中选出排位最高的方案。

当我们说这些选择方案是按照偏好排列顺序时，其含义相当明确。第一，任何两组选择方案都可以相互比较，选择的人可能会偏好其一，或对两者的喜好程度一致。第二，方案的排列顺序有一贯性。假设有A、B、C三种方案，如果对A的喜好大于B，而B又大于C，则我们会认为A与C比较时，必然是A较受青睐。这项特性称为转移性（transitivity）。

虽然这项选择理论最初是用于经济分析，但显然在许多其他领域也都可以应用。霍特林、冯纽曼、摩根斯坦（Oskar Morgenstern）以及熊彼得（Joseph Schumpeter）都曾主张将这套理论应用到政治选择方面，比如对选择候选人的选择以及对法案的选择等。投票可视为将个别选民对候选人或其政见的偏好加总，而汇集为所谓的社会选择。

我最初是在经济架构之中面对这个问题。我观察到，大企业并不是个人，而（至少在理论上）应该要能反映出众多股东的意志。可以确定的是，股东都有一个共同的目标，也就是将利润最大化。但是，利润是取决于未来的营运状况，而股东对未来的状况可能会有不同的预期。假设公司必须从不同的投资方案中作选择时，每一位股东各自都会根据自己对利润的预期而排列各项投资方案的优先顺序。不同的股东可能会有不同的预期，因此他们排列出来的投资方案顺序自然可能大异其趣。我首先想到的解决方式，是采用由公司制定的正式投票规则。假如有 A 与 B 两种投资政策，被选上的必定是大多数股权所支持的一种。

但是,在真实世界里,大部分人都会碰到两种以上的选择方案。为了简单说明起见,假设有A、B、C三项方案。最自然的做法,就从中选出一个大多数股东认为优于其他两者的方案。让我们从另一个角度来看,由于所考虑的是公司政策,可以说,该公司能把所有的投资方案排列顺序,再选出最好的一项。然而,由于公司的决策不外是反映股东的想法,公司所排出的优先顺序,应该是按照个别股东所排列的顺序而建构出来的。假如大部分的股权都支持第一案而反对第二案,我们就可以说公司偏好第一案。

投票的矛盾

但是,后来我发现一种令人困扰的现象。A受到的支持度高于B,而B又高于C,但A和C相比较时,反而是C的支持度比A略胜一筹。换句话说,大多数投票(majority voting),并不一定会具备我刚才提到的转移性。

在此以选择为例来说明,假如有A、B、C三位候选人，同时也有三位选民。第一位选民对候选人的偏好顺序是 A 优于 B，B 又优于 C。我们假设个别选民对候选人的顺序排列存在转移性，则第一位选民的偏好是 A 优于 C。假设第二位选民的偏好顺序是 B 优于 C，C 又优于 A，因此他对 B 的喜好应胜于 A。而第三位选民的偏好顺序是 C 优于 A，A 又优于 B。那么对第一位选举人和第三位选民而言，都是 A 优于 B，因此在实行多数选择的情况下，A 和 B 之间的选择将是由 A 获选。同样，第一位和第二位选民都认为 B 优于 C。如果转移性存在，则 A 应该会胜过 C。但实际的状况是，第二位及第三位选民都较偏好 C 而不是 A，所以产生无转移性（intransitivity），有时也称为投票的矛盾（Paradox of voting）。当然，这种无法转移的特性不一定会产生，而要看投票人的偏好而定。重点是，两两相比的多数决投票（pairwise majority voting）制度，并不能保证整个社会能产生出一个排列顺序。

我认为这样的观察一定也有其他人做过，事实上，我好像曾在哪里听到过。至今，我仍然不知道是否的确听过。但不管如何，这种想法确实使我放弃这方面的研究，转而投入其他的课题。

大约 1 年后，我又不经意地注意到投票的问题。我发现，在某些特殊但非完全不自然的条件下，我先前发现的投票的矛盾可能不会发生。我认为这值得撰文探讨。但我在着手之际看到一本期刊，其中有篇英国经济学者布拉克（Duncan Black）的文章，提出了和我相同的想法。其实布拉克和我所发现的结果，在过去的 150 年来随时都有可能被提出，而我们两个人不约而同地几乎在同时想到，这点巧合我实在找不出什么解释的理由。

对科学研究者而言，率先有所发现是一种激励，反之，结果如果可以预知，则会令人泄气。因此，我再度放弃有关投票行为的研究，转而探讨一些重要但较不具吸引力的课题，不过没有什么进展。但是，就在几个月之后，我偶然被问到一个问题，从这个问题中足以显示，这方面的问题上具有重大意义，值得重新研究。当时，新的博弈论（theory of games）被应用到军事与外交的冲突上。在这项应用中，国家被视为理性的行为者。然而，既然国家是由偏好顺序不同的个人所集结而成的，那么，上述的观点如何能成立呢？因为根据本人先前所做的研究，如果采用两两相比的多数人投票法则，那么根据人民的偏好顺序，不一定能导出整个国家的优先顺序。

由个人偏好到社会选择

是否可能找出其他的方法加总个人的偏好顺序，以形成社会的偏好顺序？也就是说，在不同的方案之间所做的选择具有转移性。经过数周深入的思考，我总算对这个问题找到了清楚的解答。无论采用什么方法，通过加总个人偏好顺序来产生社会选择，而且这些社会选择也符合某些非常自然的条件，总会存在一些个人的偏好顺序，让社会选择不具有转移性，就像前面所举的例子一样。由于受过逻辑的训练，我能清晰地阐述问题，避免了不必要的复杂性。不过，我并没有使用到任何高深的数理逻辑概念。

这项研究成果迅速引起各方的注意。另外一项附带的收获是，我由一些人士来函得知了早期相关的文献。事实上，多数人投票法则的矛盾，早在1785年就已由法国人康陀塞侯爵（Marquis du Condorcet）提出！但尔后就不见后续探讨的文献。大约在1860年时，有人曾考虑到投票的矛盾，一面对如何在牛津办理选举提出建议，不过，这些建议方案并未出版。当时一位名为道奇生（Charles L. Dodgson）的数学家曾宣扬过这些方案。道奇生为同事之女爱丽丝·李戴尔（Alice Lidell）写了著名的童话《爱丽丝梦游奇境》，只是在出版时用了卡洛尔（Lewis Carroll）的笔名。已出版的社会选择报告中，唯一堪称重要的一篇1882年刊登在一本鲜为人知的澳大利亚期刊上。就我个人的了解，几乎没有其他研究主题像社会选择这样间断而零散。

但后来的情势却完全改观，相关文献之多，几乎可用爆炸来形容。最近的一项调查表明，虽然没有刻意地强调资料搜集的完整性，仍然列出了600篇以上的参考文献，甚至出现了一本完全探讨社会选择理论以及相关议题的期刊。

社会选择理论与经济选择理论的平行发展相当重要，但它与过去的研究则很少有直接的关联。至于本人另外的两项贡献，与当前经济理论和经济现实又有不同的关系。

牵一发而动全身

其中之一是有关一般均衡理论的研究。这项理论所演绎的观点看似简单，却不易了解。在经济体系内，任何一件事情都会有牵一发而动全身的后果。我们且用下面的例子来说明。20世纪30年代，由于得克萨斯州及波斯湾地区发现了石油，油价变得非常低廉。许多家庭在热能或能源的消费上，从煤改成石油，因此减少了对煤的需求，连带也降低了煤矿工人的就业水准。炼油厂迅速扩张，雇用了更多的劳工。同样，由于炼油涉及复杂的化学程序，市场产生对炼油机器设备的需求，从而又导致对专业化学工程师以及钢铁的需求。油价便宜了，汽车的购买与使用也更为普遍。没有铁路经过但公路可达的观光地区，开始涌入大量的旅客，铁路运输却开始衰退。这里，每一种变动都会引发其他的变化，而这些后续的变化又回过头来影响石油的需求与供给。

从经济的角度来看，上面的例子有其特殊的意义，也就是任何一种产品的需求都受到所有产品价格的影响——包括劳动力与资本服务的价格，也就是工资与利润的影响。同样，任何一种产品的供给，包括劳动力或资本的供给，也是受到所有商品价格的影响。到底是什么因素决定了各种产品与劳务目前的价格水准呢？在经济学上常用的假说就是均衡（equilibrum）的概念。现行的价格就是使市场上供给等于需求的价格。这样的假说就像经济学里头许多其他的假说或自然科学的假说一样，实际上并不是百分之百的精确，但是却是非常有用的近似说法。如果和那些过分夸大均衡存在的观点比起来，把这种近似说法完全弃置不顾反倒更背离真实。

经济上的一般均衡理论是由法国经济学家瓦尔拉（Leon Walras）在1874年率先提出较完整的架构。不过，当时要运用此一理论作为分析工具仍有困难，而且数学训练不足的经济学家也很难理解。直到20世纪30年代，经济学界才重拾对这项研究的兴趣，其中又以希克斯所做的精辟阐释与推进居功至伟。本人有幸于1972年与他共同获得诺贝尔经济学奖的荣誉。

　　但是，还有一个有待解决的问题。一般均衡理论主张，各项商品的价格是由解一大组方程式而求出的，每一个方程式都代表个别商品市场上的供给等于需求。然而，这些方程式是否必然有单一解存在？假如没有，那么一般均衡理论不可能永远为真。事实上，大概在1932年，一些德国经济学家的研究就指出，这些方程式不一定有一个有意义的解。维也纳的银行家史列辛格（Karl Schlesinger）在大学时主修经济学，之后也一直对经济学的发展相当关注，他认为前述的困难主要是源于某种细微的误解，其实一般均衡的存在应该可以证明。他聘请瓦德这位年轻的数学家来研究这个问题。瓦德提出一般均衡在某些特定的条件下（这些条件并不容易解释）存在的证明。事实上，对照后来的相关研究，他们设定的条件似乎太过严苛。即使如此，整个证明的过程仍然是相当困难的。

为一般均衡求解

　　人类历史上的一场重大浩劫也影响了一般均衡理论的

发展。史列辛格原本坚信奥地利不至于沦入希特勒的魔掌，等到噩梦成真，他随即自杀身亡。而瓦德则逃过此劫，并且来到了美国，他的兴趣也转移到数理统计。他正是我在哥伦比亚大学的老师。我也不知自己是如何得知一般均衡存在与否这个有待解开的问题。不过，还记得我曾问过瓦德在这个问题上的研究成果，他只说这是一个非常困难的问题。既然他在数学上的能力远胜于我，我听了自然觉得很泄气。

由于某一领域的发展而促成了另一个领域的发展，这在科学的历史上屡见不鲜。当时，博弈论正迅速发展。数学家纳什（John Nash）证明的一种理论，在我看来与竞争性均衡存在与否的问题有许多相通之处。我借用并修正纳什所发展的数学工具，终于能说明在什么样的条件下，界定一般均衡的方程式组将会有解。

其实，这里头并不只是数学的问题而已，还牵涉到怎样更清楚地说明一般均衡系统。正如史列辛格已经做过的部分努力那样，我们有必要更进一步弄清所做的假设，在这个过程中可以学到很多东西。

从前面的说明中，大家应当可以了解，之所以能证明均衡的存在，是因为经济学及数学这两门学科的理论在不断进步和发展，而我当然也不是唯一提出证明的学者。事实上，就在我着手撰写研究成果之际，我得知德布雷（Gerard Debreu）——1983年诺贝尔经济学奖得主——也独立地获得了基本上相同的研究成果。于是，我们决定联合发表研究结果。就在我们的论文公之于世之前，第三位经济学家麦肯锡（Lionel McKenzie）也发表了一篇论文，走的是类似的但不完全一样的路线。

在科学的世界里，重复发现其实是司空见惯的现象，其原因也大同小异。由不同动机所带动的相关领域的发展，有助于我们更清楚地了解一些困难的问题。这些发展既然公之于大众，所以各方学者都能加以运用，重复发现也就不足为怪了。

对于一个新的发现，能够成为第一位发现者或是跻身首批发现者之列，当然颇令人满足。不过至少就一般均衡理论来说，即使没有我的投入，显然它的发展也不致有什么不同。

在此我还要补充一点，尽管一般均衡的存在理论看来相当抽象化及数学化，但日后却变得相当有用。除了促成一般均衡理论在特定经济问题上的应用，也让大家对所谓"一般均衡思想"有了更深的了解，也就是认识到，某一种特定的经济变动将会造成比最初的变动更为深远的影响。史卡夫（Herbert Scarf）更进一步指出，如果把证明的方法做适当的修正，可以找出如何实地求出一般均衡系统的解。此一方法已经被应用到许多不同的政策问题上：关税、公司所得税、社会福利措施的改变以及一些发展中国家的经济发展等。

接下来，我要说明个人的第三个贡献，即针对不同经济主体（economic agents）的信息差异来探讨其经济上的意义。我对这个问题的兴趣源自思考一个实际的问题，也就是医疗组织的问题，但研究的基本出发点则来源于我对数理统计的研究，还有早期从事风险承担经济学（economics of risk bearing）的理论研究，再加上其他学者对这些课题的研究成果。我在这方面的贡献并不像前面的两项那样偏向具体明确的技术性成就，而是提出新的观点，将经济理论重新界定。

条件性合约

一般均衡理论和绝大部分1950年前发展的经济理论一样，都假定所有的经济主体均在确定的情况下运作。也就是说，所有的家庭、厂商、投资人等，都正确无误地知道自己行为的后果，或至少看来是如此。因此我们假设，生产者都知道在特定的投入下将会有多少的产出，而投资人也知道他们计划出售的商品在未来的价格水准如何。

在此，我并非暗示经济学者都是如此愚蠢，以致不了解真实的经济世界充满了不确定性，我也并不认为所有的经济主体都不知道这种状况。事实上，有些文献已经清楚地指出，许多经济行为只有在假设经济个体已充分了解确定性的存在，才能有合理的解释。例如，投资人持有多元的投资组合以及购买保险等。然而，将不确定性与标准经济理论（特别是一般均衡理论）加以整合的通论仍然付诸阙如。对此我逐一引介了条件性合约（contingent contracts）概念，意指当某种可能的情况发生时，提供特定财物或金钱的合约。我要说明的是，所有能意识到的风险都可以保险。不过我在这方面的研究只能说是勾勒轮廓，后续扩大及深入的研究则是由戴布鲁来接手。这个观念本身虽然很简单，却谈得上是创造性见解。

该项研究已经成为一项标准的分析工具，实在出乎我的意料之外。条件性合约可视为理想体系的蓝本，可用于与真实世界有关风险承担与风险转移的方法相互比较。很显然，从实证的观点来看，真实世界中风险转移的机会并不像我模型中所预测的那么多。在一开始时，我找不出特别的原因来解释这样的差异。

多年之后，我总算豁然开朗了。当时，福特基金会邀请我从经济理论的观点来分析医疗保健。我首先对有关的实证文献做了一番整理。根据我的理论背景，我发现当时针对这项高额的财务风险所承作的保险相当不足。事实上，不管政府部门还是民间部门的保险，在当时都已有大幅度的扩张。不过，我很快了解到，要达到充分的保险还存有障碍。对医疗保健支出提供的保险会诱发过度消费，导致支出超过实际必要的所需。

在这个现象的背后，到底有没有一个一般性的理论原则？以保险来应付不确定性这个概念并没有充分反映实际状况，也就是不同的人可能有不同的不确定性。被保险人对个人健康状况的了解，当然比保险人（保险公司）来得深入。每个人拥有的信息不同，在任何经济体系内都是一项关键因素，并非只限于医疗保险。

信息的差异

再举佃农这个全然不同的例子。假如地主雇用某人在农场工作，该名农工在所得固定的情况下，缺乏使他全力以赴的动机。假如地主对该名工人的工作情况完全掌握，自然可以据此来指挥工人。但是，要取得这样充分的信息，地主势必得花费相当的精力亲自督导监控。假如做不到这一点，那么地主和农工双方将有不同的信息，生产将无法充分发挥效率。另一种极端的做法，则是把土地以固定的金额出租，那么就可以给工人（在本例为佃农）非常大的激励。但是，不要忘记农业也是一项高风险的事业，最贫穷的农人可能根本无法承受这种不确定性。因此，佃农化（sharecropping）这种折中的形式才会兴起。这种方式承担了部分而非全部的风险。类似的观念也可沿用到健康保险上，大部分的健康保险都有所谓的共同保险（coinsurance），将风险作部分分摊，但病人多少仍有节约的动机。

这项研究的主旨可以很扼要地说明如下：信息的差异性普遍存在于经济体系里，从而导致了无效率，也促使我们通过合约的安排或非正式的共识，对信息不足的一方施以保护。我个人在这方面的贡献是比较偏向概念性而非技术性的，所发展的理论也是集体多人的努力而形成的。

我已经尽最大的可能，用清楚浅显的说法，来报告我过去一些研究的来龙去脉，当然这些都和其他人的思想观念与研究成果相互关联。不只是科学的领域如此，整个人类社会也正是一个合作的世界。为了学术上的荣誉与成就，或是为了事业上的成功，我们无时无刻不在相互竞争。但追根究底，让社会不断前进的动力，才是我们由以往成功甚至是失败的无数先例中所学习到的知识。

1984 年 11 月 5 日

作者简历

出　生

1921 年 8 月 23 日，美国

学　历

1940 年　纽约城市学院学士

1941 年　哥伦比亚大学硕士

1951 年　哥伦比亚大学博士

经　历

1948—1949 年　芝加哥大学经济学讲师

1949—1950 年　斯坦福大学经济学与统计学讲师

1950—1953 年　斯坦福大学经济学与统计学副教授

1953—1956 年　斯坦福大学经济学系主任

1953—1968 年　斯坦福大学经济学、统计学与运筹学教授

1966 年秋　麻省理工学院经济学客座教授

1963—1964 年、1970 年、1973 年　剑桥丘吉尔学院研究员

1968—1974 年　哈佛大学经济学教授

1974—1979 年　哈佛大学特聘教授（James Bryant Conant University Professor）

1979 年　斯坦福大学肯尼经济学教授（Joan Kenney Professor of Economics），运筹学研究教授

1981 年　胡佛研究所（Hoover Institution）特约高级研究员

主要贡献

1. 认为经济力量并非单纯地反映循环趋势，而是趋势相互均衡。

2. 提出积极力量而非消极力量相互取消时，才会达到经济均衡。
3. 创立全面的经济均衡理论，打破了新古典经济学派宗师 Marshall 的局部均衡理论。

得奖贡献：经济均衡理论与福利理论。

重要著作

《社会选择与个人价值》
《组织的极限》
《存货与生产的数学理论研究》（合著）
《公共投资、利润率和最优财政政策》
《风险承担理论论文集》（合著）